Transformada

Yira de los Santos

© 2017 Primera Edición

Transformada
Yira de los Santos
Reservados Todos los Derechos
© 2017 Primera Edición
Santo Domingo, República Dominicana

ISBN 978-9945-9096-2-3

A menos que se especifique en alguna nota de referencia, las citas bíblicas han sido tomadas de la versión Reina Valera 1960.

Diseño de portada: Héctor Rodriguez
Corrección de Estilo: Julissa Lorenzo

Diagramación:
Publicaciones Libertad
publicacioneslibertad.rd@gmail.com
República Dominicana

Contactos: 809-330-9992 / 809-982-4456
Facebook: *Yira de los Santos*
                Siempre Café by Yira
E-mail: *yiradelossantos@yahoo.com*

Índice

Dedicatoria

*A todas las mujeres preciosas
que como yo tienen el privilegio de haber sido
creadas mujer.*

*A mi padre Elías Samuel de los Santos:
Quiero honrarte porque has sido el canal para
darme vida, por haber sido un hombre honrado
y trabajador. Esto lo llevo conmigo siempre.
Por muchos años viviste vestido de cenizas,
pero al final de tus días Dios te vistió de Gloria.*

*A mi abuelo espiritual Hno. Billy Franks,
gracias por haber sido el canal para que
se levantara la obra Acción Misionera en
Republica Dominicana, y que pudiera conocer
al Señor y recibir todo lo que he recibido en la
familia de Dios, tengo la esperanza de verte de
nuevo, esto es un gran consuelo.*

Agradecimientos

Lo que ves plasmado en este escrito no es más que la suma del aporte de personas valiosas que invirtieron tiempo, oración, recursos y fe en mi vida. Quiero iniciar agradeciendo a Esther de la Rosa, la persona que Dios utilizó para orar por mí y ser un canal de salvación, desde lo profundo de mi corazón; gracias por presentarme a mi amado Jesucristo, gracias por esa conexión que salvó mi vida no sólo del pecado, sino de mi misma.

Pastores Gerardo y Olga Tarón, gracias por obedecer y venir a la República Dominicana para levantar la iglesia que ha sido una verdadera familia para mí. Pastores Ignacio y Florángel de la Cruz, literalmente han sido padres, amigos y familia, muchas gracias.

Agradezco al Pastor Leonardo Ramírez, quien, desde que acepté al Señor con mucho ánimo y amor leía todo lo que escribía: tu ejemplo ha formado mi vida.   Pastor Juan Santos **Mi Amigo** *es un gran privilegio llamarte así y así te siento.*

A la iglesia Acción Misionera en Sabana Bendecida, cuna que me vio nacer en el espíritu, mi gran familia, no puedo mencionarlos por nombre, tendría que escribir otro libro solo para eso, pero, todo aquel que sabe que tiene el ADN de Acción Misionera, mil gracias, de alguna forma Dios te usó para bendecirme, amarme, tolerarme y ser paciente para ver qué era lo que Dios haría conmigo ¡mil gracias!

A mis hijos espirituales donde quiera que se encuentren, en especial, a los hijos de Acción Misionera La Romana ¡que Iglesiasa nos ha dado El Señor!, en especial las mujeres preciosas que han sido el laboratorio de Dios para ver que Su Palabra se cumple, que Él nos saca de muerte a vida, que sí, que de verdad Dios transforma, ustedes son la prueba para la eternidad. Mil gracias por amarme, ser obedientes, comprensivas, dejarse guiar y enseñar, este libro nació de esos momentos en nuestras reuniones de discipulado, de las Noches de Reinas, de las sesiones individuales y de ver a Dios operando, cambiando y convertirlas en las hermosas mariposas que son y que han entendido el propósito de Dios. Ahora les toca levantar a otra generación de mariposas.

A mi familia preciosa:

Mami para muchos eres la pastora Abi, pero para mí eres mi mami, mi amiga, consejera, mi ejemplo; siempre digo que dependo de tus rodillas y tengo la confianza de que ahí me tienes, gracias, te amo.

Wanda eres un ejemplo de vida, no importa las imposibilidades que nos presente la vida, Dios nos trae a este mundo con un propósito más alto que solo vivir, te bendigo, te admiro y respeto, tu eres una mujer transformada para transformar.

Yoni te amo, sigues siendo mi niño, mi hermano precioso, Dios se la botó con nosotros, familia chiquita pero que rinde (jajaja). Es hermoso ver el hombre en que te has convertido y en la bendición que eres para esta tierra.

Beni mi querido y amado esposo, mi amigo, consejero, tu amor y cuidado han sido una gran herramienta de Dios para transformar mi vida, gracias mi amor, estoy ¡asfixiadamente enamorada de ti!

Mi querido Joshua, mi primogénito, tu llegada a esta tierra marcó un tiempo profético para nuestras vidas y para esta tierra, te bendigo mi niño bello. Dorian eres precioso, una inspiración; gracias por enseñarme otra faceta del amor de Dios. Mis hijos hermosos estoy a la expectativa de ver cómo van a asombrar al mundo con la grandeza de Dios que están portando dentro de ustedes.

Bendigo las vidas de dos mujeres preciosas con las que el Señor me ha premiado con su amistad: Yovanka Saladin y Tania Corrales,

les amo y atesoro cada tiempo sumergidas en oración, en adoración y búsqueda del rostro del Señor, sumergidas en la Palabra, cada victoria ganada en Su Presencia y ver el poder Transformador del Señor en nuestras vidas, familias y ministerio. Gloria a Dios!

A mi amada Dennis Marte y las preciosas mujeres de los grupos de oración. Gracias por la unidad en el Espíritu que podemos tener, gracias por llevarme en sus oraciones, por su amor y atención incondicional. Les amo!

A mi amada Eloida, mejor conocida como Sra. Gómez, hay personas que son una bendición cuando las conoces, pero hay otras que dejan una huella indeleble, esas que llevas contigo siempre, así eres para mí, ha sido un gran honor haberte conocido, sigues siendo mi mentora, te amo.

El fin de semana que recibí al Señor en la Iglesia se cantaron dos himnos que marcaron mi vida:

El primero, Pertenezco a la amada familia de Dios, y así ha sido; el segundo, Jesús es mi Rey Soberano, y así ha sido y así será. Una de las frases de este himno dice: pues yo soy feliz, por ti.

Mi amado Salvador he probado y comprobado que no soy nada sin ti; gracias Padre Eterno por enviar a tu Hijo por mí, gracias Espíritu Santo por ser mi guía y consuelo en tantos momentos. Señor Jesús, eres Mi Señor, a ti la gloria, la honra, el poder, el honor, recibe este libro como una ofrenda de olor grato ante tu trono mi amado Rey.

Comentarios

Una cosa es cuando uno escribe un libro basado en lo aprendido o estudiando en una carrera académica y otra cosa es escribir partiendo de nuestras experiencias, Yira hace una combinación de ambos conceptos, por eso estoy convencido que éste manual que tiene en sus manos será de gran edificación para su vida.

Conozco a Yira desde su adolescencia cuando entrego su vida al Señor y la he visto crecer en Jesús en cada etapa de su vida. Se ha erigido como una poderosa guerrera en las circunstancias difíciles de su vida y de su hogar. Esta herramienta que tiene en sus manos puede ser un poderoso instrumento para que su vida sea transformada de ORUGA A MARIPOSA tal como Yira lo expresa en su primera producción musical.

Lee con atención y disfruta de su contenido, pero por sobre todas las cosas aplica las enseñanzas y los principios que encontraras en él y también tu vida podrá ser transformada de una oruga que se arrastra por el suelo, a una hermosa mariposa que vuela por encima de las circunstancias difíciles de la vida.

Pastor Gerardo Tarón
Iglesia Acción Misionera
(Sabana Bendecida)

Nunca ha sido fácil la transformación, siempre es un proceso difícil y doloroso, sobre todo por pasar de una etapa a la otra. Es por eso que presentar un libro que nos lleva a vivir la transformación más que leer estas páginas es más bien un reto porque en el fondo nos resistimos al proceso, al cambio, sin embargo este aún doloroso siempre será lo mayor.

La autora nos habla de su corazón, de su experiencia, de vivencias que han movido su vida de una forma tal que nos adentra tan profundamente en el tema que nos hace ver este mover como necesario, aunque al principio parezca doloroso será para bien.

Sus páginas nos llevan a vivir lo vivido, a gozarnos en cada día en que el Padre nos invita, a Su transformación en Su presencia.

Recomiendo este libro a todos aquellos que estén viviendo una situación que no entiendan, a los que se hayan preguntado Por Qué A Mí Señor? A los que deseen y quieran crecer en sus ministerios y a los que quieran dar un paso adelante en el caminar de la fe, a todos les será de ayuda detenerse a revisar cada página de su escritora: Una Mujer Transformada.

Loida Tejera de Corporán
Pastora de la Iglesia Cristianización en San Pedro de Macorís
Fundadora del Ministerio Profético Tiempos de Restauración.

Introducción

La cita con mi espejo

El mejor amigo de una mujer es el espejo. Podemos mentirle a todo el mundo, ocultar detalles de nuestro cuerpo con la ropa, el maquillaje y todo lo que se nos ocurra, pero cada mujer, en algún punto de su vida, ha tenido un encuentro a solas con un espejo; y allí se mira realmente y lo hace con mucha atención, concentrándose en detalles muy específicos; y mientras observa detalles físicos de su apariencia, habla con ese compañero que sin ningún tapujo revela no solo cómo se ve, sino como se siente.

En ese encuentro miramos la proyección de nuestros ojos, a los cuales, no en vano llaman el espejo del alma. Y allí, a solas, reunidas con el espejo y nuestras almas, afloran las preguntas y los pensamientos que por mucho tiempo intentamos acallar con ocupaciones, ruidos, fiestas o depresión.

Surgen frases como:
- Muchos me ven sonreír, pero no saben la herida que llevo dentro...
- Qué sentido tiene todo lo que hago, total, nadie lo aprecia ni lo valora...
- ¿Para qué estoy viva?
- ¿Porqué por más que me esfuerce, no puedo lograr esto?
- Tengo todo lo que se supone una mujer puede desear, ¿por qué me siento tan vacía?
- ¿Por qué, no puedo amar a mi esposo y a mis hijos de la manera que ellos me lo demuestran a mí?
- ¿Qué es lo que pasa conmigo?
- Mira, otra pata de gallina, (arruga) los años están pasando...
- ¿Por qué no puedo serle fiel a Dios, si él ha sido tan bueno conmigo?
- ¿Por qué vuelvo a caer en la misma tentación?
- ¿Por qué continúo con esta persona que solo

me hace daño?

- ¿Porqué Dios le da hijos a mujeres que no los cuidan y a mí no?

Te invito a recordar junto a mí, cómo eran esas citas con el espejo cuando eras niña ¿Te pusiste un vestido largo y danzaste frente al espejo? ¿Pretendiste ser una princesa o jugaste con tu pelo, inventando peinados nuevos? ¿Recuerdas ese tiempo? No habían juicios, ni cuestionamientos, solo te mirabas, aceptabas y amabas.

¿Cuál es la diferencia ahora? ¿Qué cambió? El espejo sigue siendo espejo.

La diferencia reside en lo que llevabas dentro, en esa época te mirabas con la imagen que tenías dentro. No te definías por lo que alguien te hubiera dicho o por lo que alguien te hubiera hecho. Tú, te mirabas, sonreías, podías pasar horas mirándote al espejo ¡literalmente admirándote! Era el tiempo donde aún te quedaban los vestigios de Aquel que te creó, que te diseñó, que un día tus ojos vieron...

Mi embrión vieron tus ojos, y en tu libro estaban escritas todas aquellas cosas que fueron luego formadas, sin faltar una de ellas. Salmos 139: 16

¿Cómo fue que se perdió? ¿Dónde se perdió esa imagen que nos daba la certeza de que éramos fuertes, valientes e insuperables y cómo podemos volver a reencontrarnos con ella?

Por tanto, nosotros todos, mirando a cara descubierta como en un espejo la gloria del Señor, somos transformados de gloria en gloria en la misma imagen, como por el Espíritu del Señor.

2 Corintios 3:18

Al parecer, hay otro tipo de espejo al que debemos mirar. Te invito a que me acompañes en el trayecto de la lectura de este escrito y que juntas miremos, como dice este pasaje, a cara descubierta; sin tapujos ni vergüenza para reencontrarnos con la verdadera imagen que debemos mirar, apreciar y proyectar. A fin de cuentas, se nos pasa la vida, se nos escapa entre los dedos...¡Que difícil es pasarla observando desde el lugar incorrecto! ¡qué difícil es vivirla sin cumplir el propósito para el cual la tenemos!

Yo la voy a enamorar: la llevaré al desierto y le hablaré al corazón.

Oseas 2:14 DHH

Capítulo 1

¿Transformándonos en qué?

Por tanto, nosotros todos, mirando a cara descubierta como en un espejo la gloria del Señor, somos transformados de gloria en gloria en la misma imagen, como por el Espíritu del Señor.

2ª Corintios 3:18

Voy a pedirte que tengas un poco de paciencia, puesto que en este capítulo necesitamos ver algunas definiciones y conceptos necesarios para establecer lo que es la transformación, los cuales, nos servirán en el proceso que has emprendido a través de este libro.

Fíjate que estoy utilizando la palabra "proceso" lo que implica que lleva un poco de esfuerzo, nada en esta vida es fácil, sino ¡preguntémosle a una mariposa!

Según el Diccionario Expositivo Vine, la palabra transformación procede del término griego alasso (ἀλάσσω, 236) que significa "hacer otra cosa de lo que es" y de metamorfoo ((μεταμορφόω 3339) "transformar, cambiar, transmutación, conversión, cambio, transición". De este vocablo proviene la palabra metamorfosis.

Transformación es cambiar o modificar la forma de algo. Convertir una cosa en otra. El término transformación hace referencia a la acción o procedimiento mediante el cual algo se modifica, altera o cambia de forma manteniendo su identidad.

En biología, la metamorfosis o transformación es el proceso que experimentan muchos invertebrados, anfibios y ciertos peces implicando una variación en su forma, sus hábitos y una reconstrucción de sus tejidos.

Así que cuando hablamos de transformación tenemos necesariamente que verlo como un proceso a través del cual te conviertes en otra cosa. Viéndolo desde el punto de vista humano, es el proceso donde te conviertes en una versión mejorada de ti mismo.

Me gusta ver cómo en el aspecto biológico los invertebrados y anfibios no se convierten en otro animal. La transformación se da en aquello para lo que esta codificado que se transforme, nunca hemos visto que una larva se transforme en un pollito. La verdad, me encanta este concepto:

Transformación es la acción o procedimiento mediante el cual algo se modifica, altera o cambia de forma manteniendo su identidad.

Una oruga se transforma en mariposa, una ninfa se convierte en libélula o en saltamontes, el renacuajo se convierte en rana, pero, tú y yo ¿en qué nos transformamos?

La base de la transformación es el diseño, lo que la provoca, la empuja, es aquello para lo que fue diseñada. ¿Porqué razón las orugas, las ninfas o los renacuajos no se quedan en la forma en que están? Simplemente porque hay un diseño que prevalece, que se niega a morir en esa condición, por lo tanto irá de etapa en etapa (de gloria en gloria) hasta alcanzar aquello para lo que fue creada o diseñada.

El diseño tiene que ver con las características intrínsecas que te hacen apto para ejercer una función. Así como hemos visto estos ejemplos del reino animal, que no deben ni pueden quedarse de la forma en que iniciaron, así nosotros ni debemos ni podemos quedarnos iguales o estáticos toda la vida, a fin de tener todo lo que se necesita para cumplir el propósito o función que nos corresponde en esta tierra.

*En **2Corintios 3**, Pablo indica que hay un ministerio que es el del nuevo pacto, cuando venimos a Cristo somos introducidos a un nuevo diseño: El del Espíritu Santo que va a contender con nosotros hasta que se desarrolle nuestra verdadera identidad.*

Todo lo que te ha acontecido hasta el día de hoy ha tergiversado tu verdadera identidad. Ahora bien ¿Qué es la identidad?

La revista crítica de ciencias sociales y jurídicas Nómadas, lo explica de la siguiente manera:

> **<u>Identidad</u>:** *de "ídem" a "entitas"*
> *El término identidad está compuesto de dos palabras: "ídem" que significa igual y "entitas" o entidad, es decir, ser.*
> *Entidad, aquello que es la esencia de algo, hace referencia a una unidad. Entero significa uno, completo, total, perfecto. En este sentido, idéntico significa igual a uno, a lo entero. Mas hablando de lo humano, lo entero no puede ser tal sin lo otro.*
> *Ahora bien, el término "identidad" viene a la par con la conciencia de otro ser diferente, pues uno sólo no puede ser idéntico a algo o alguien.*

*Sin ese otro no hay siquiera
la posibilidad de identidad y
no se puede ser idéntico a uno
mismo, debido a que la identidad
siempre es un término relativo,
relacional, que es precisamente lo
que la modernidad occidental ha
eliminado de la ecuación.*

Identidad tiene que ver con ser idéntico a algo o alguien. Creo que Génesis 1:27 nos explica bastante bien el propósito de la transformación: en el huerto del Edén no era necesario un proceso de trasformación, pero el pecado nos distanció de Aquel que sustentaba nuestra identidad, la imagen de nuestro creador y diseñador.

Una de las dicotomías del ser humano es la constante búsqueda de identidad, buscar a qué parecerse, pero a su vez alejarse de Aquel a quien debe parecerse -. Y así el diseño se pasa la vida tratando de escapar del diseñador. A la verdad que el pecado lleva a la necedad (Profesando ser sabios, se hicieron necios. Romanos 1:22).

Pero cuando se conviertan al Señor, el velo se quitará. Porque el Señor es el Espíritu; y donde está el Espíritu del Señor, allí hay libertad. Por tanto, nosotros todos, mirando a cara descubierta como en un espejo la gloria del Señor, somos transformados de gloria en gloria en la misma imagen, como por el Espíritu del Señor.
2Corintios 3:16-18

Cuando se **conviertan**. Convertirse viene del griego pístrofe que significa un giro en derredor, conversión.

Esta palabra implica volverse de y volverse hacia; esto envuelve algo más que un cambio de dirección, es un cambio de esencia. Es pasar de tu condición actual para transformarte en aquella a la que te corresponde. Tu proceso de conversión es continuo, ya que podrías haber aceptado a Jesús como tu salvador y no haberte convertido (transformado).

Hay personas que se han quedado en una gloria que no les corresponde estar.

Procura estar insatisfecha

"Por tanto, nosotros todos, mirando a cara descubierta..." Una verdadera transformación en nuestras vidas requiere de un proceso. Hay que detenerse y mirar a cara descubierta, sin fingimiento, sin máscaras, una disposición genuina de ver: "como en un espejo" sin ocultar nada interno, expuestos ante la gloria del Señor, al modelo de su esencia, a quien es Él y a quien debemos mirar para ser.

Romanos 12:2: "No os conforméis a este siglo, sino transformaos por medio de la renovación de vuestro entendimiento, para que comprobéis cuál sea la buena voluntad de Dios, agradable y perfecta".

Transformación: *Metanoia
(del griego μετανοῖεν, metanoien,
para cambiar una mente) es un
enunciado retórico utilizado para
retractarse de alguna afirmación
realizada, y corregirla para
comentarla de mejor manera.
Su significado literal denota
una situación en la que, en un
trayecto del camino, ha tenido que
devolverse y tomar otra dirección.*

*Esta palabra también es usada
en teología cristiana asociando
su significado al arrepentimiento,
sin embargo, y a pesar de la
connotación que a veces ha
tomado, no denota en sí mismo
culpa o remordimiento, sino la
transformación o conversión
entendida como un movimiento
interior que surge en toda persona
que se encuentra insatisfecha
consigo misma. Los primeros
cristianos decían del que*

> encontraba a Cristo que había
> experimentado una profunda
> Metanoia.
> **Fuente: http://www.
> metanoiaconsultoria.com.mx/quees.
> html**

El proceso de cambio no inicia motivado por remordimiento o culpa, sino por insatisfacción que es el sentimiento de malestar o disgusto que se tiene cuando no se colma un deseo o no se cubre una necesidad.

Es tiempo de incomodarte, de mirar la gloria del Señor y preguntarte ¿me estoy volviendo idéntica a lo que se supone que debo ser? ¿A qué o a quién me estoy pareciendo?

Nuestro propósito es ser transformados a su imagen, para ejecutar las funciones del diseño que se nos ha otorgado. Muchas personas vienen al Señor interpretando que su meta es volverse gente buena, pero se han vuelto buenos para nada.

Fuiste diseñada para suplir una necesidad. Lo más asombroso de esto es que cuando partas de este mundo nadie va a sustituir lo que te correspondía a ti o a mí hacer, ese molde, ese diseño se va contigo a la tumba. Es tiempo de estar insatisfechas, es tiempo de incomodarte, es tiempo de cambio, es tiempo de otra gloria.

¿Estás lista? ¿Estás dispuesta?

Sachi

Poco después del nacimiento de su hermano la pequeña Sachi pidió a sus padres que la dejaran a solas con el nuevo bebé. Ellos, temiendo que su hija por celos golpeara o sacudiera a su hermanito, como le ocurre a algunos niños primogénitos, le dijeron que no. Pero Sachi no daba señales de estar celosa, por el contrario era bondadosa con el bebé. Y ante la cada vez más urgente petición de su hija de quedarse a solas con su hermanito, los padres decidieron permitírselo.

Jubilosa la niña entró en la habitación del bebé y cerró la puerta, que sin embargo se abrió quedando una pequeña rendija, que permitió que los curiosos padres pudieran observarla y escucharla. Entonces, vieron cómo la pequeña Sachi se aproximaba silenciosamente a su nuevo hermano y, acercando su rostro al de él, le decía en voz baja:

—Bebé, cuéntame cómo es Dios, que yo ya estoy empezando a olvidarme.

Dan Millman

Capítulo 2

Tiempo de romper
(1ª Etapa)

"Todo tiene su tiempo, y todo lo que se quiere debajo del cielo tiene su hora. Tiempo de romper... Eclesiastés 3:1y7

Una Oruga es un proyecto de mariposa.

El propósito de la metamorfosis es alcanzar el estado adulto. Tomando el ejemplo de la *metamorfosis de una oruga a mariposa veamos algunas lecciones que podemos aprender de las 4 etapas de su transformación:*

1ª. Etapa: *Los huevos. Después de aparearse con el macho, la hembra de la mariposa pone los huevos, y para ello, tiene que buscar la planta adecuada. Cada especie de mariposa necesita una planta específica para poner los huevos, de la que a su vez, se alimentará la oruga. Este tipo de planta desprende un material lechoso para que los huevos queden adheridos y no se caigan.*

Déjate adherir.

Lo primero que aprendemos del proceso de transformación de la oruga es que se deja adherir, necesitas conectarte, en buen dominicano, pegarte a alguien o a un lugar. No hay vida ni transformación, si no somos adheridos al lugar que nos va a proporcionar el alimento que necesitamos para nuestro desarrollo.

Muchas personas no ven avances en sus vidas porque no se adhieren a nadie. Andan como el "chivo sin ley" o han sido tan maltratados que renuncian al sentido de pertenencia. Otros, por el contrario, son tan orgullosos que no buscan a alguien a quien mirar o seguir, no se dejan mentorear, les es difícil reconocer que hay algo en su vida en lo que necesitan crecer y que precisan de alguien para que los forme.

El huevo es solo el inicio de lo que ya es.

Aunque es un huevo está en su código ser una mariposa, pero aún no lo es. Probablemente tienes un llamado, un sueño, hay una palabra que te ha sido dada, pero eso necesita desarrollo, necesitas ser adherida a alguien o un lugar donde puedas crecer.

Jesús es nuestro ejemplo: el Salvador del mundo, Rey del universo, necesitó venir y ser parte de una familia, ser criado y educado por ellos a fin de que su misión en la tierra fuera efectiva.

¿Dónde te ha puesto Dios? ¿Cuáles son las personas que ha provisto para tu desarrollo? Es necesario que hoy rompas con el menosprecio del lugar o las personas que Dios te ha dado o donde Dios te ha llevado. Sea familia, comunidad, trabajo, negocio, iglesia, hay algo que necesita ser trabajado en tu vida, acepta esta etapa, porque va a pasar, pero procura que pase desarrollando lo que se requiere para tu crecimiento en ella.

No eches a perder el producto.

Si los huevos se colocan en una planta que no es idónea para su desarrollo, se caen y se echa a perder el producto. Llevando este ejemplo a nuestras vidas, podemos ver como muchas personas no pasan de comienzos, viven en un eterno inicio, sin alcanzar madurez o desarrollo en aquello que han sido asignados de parte de Dios en esta vida.

Es un error esperar grandes resultados en los comienzos de cualquier cosa que emprendamos. Es por eso que muchas mujeres desertamos de los gimnasios, de las universidades o de los negocios; porque ponemos demasiadas expectativas en los inicios.

Entendemos que el inicio de algo es el logro del mismo, no obstante el verdadero logro se obtiene con el tiempo y la persistencia.

No te saltes las etapas. Rompe con el espíritu de brincar la tablita. Reconoce el lugar y las personas que Dios ha provisto para tu crecimiento. Decídete a terminar lo que inicias, hay un poder en esto porque forma nuestro carácter. Decidete a dejar de ser una desertora.

"La esperanza que se demora enferma el corazón, pero el deseo cumplido es árbol de vida".
Proverbios 13:12

Para reflexionar

Piensa en lo siguiente: las personas o los lugares en los que me desenvuelvo ¿son idóneos para mi transformación? ¿Son lugares donde recibo el alimento adecuado, ya sea espiritual, intelectual o emocional? ¿Este grupo de personas me está ayudando a crecer? ¿Son influencias positivas en mi vida?

Si tu respuesta es positiva a estas preguntas, entonces necesitas hacer un acto de aceptación o adhesión a ese lugar o esas personas que pueden ser los mentores para desarrollarte. Si tu respuesta es negativa, te exhorto a que le pidas al Señor por dirección para encontrar ese lugar y esos mentores lo antes posible.

La transformación es un proceso de cambios, hasta que no estés dispuesta a hacer esos cambios no vas a ver una diferencia en tu vida.

Qué te parece si tomas un momento para examinar lo que has leído y anotas cuáles son los pasos específicos que empezarás a dar en favor de tu transformación.

"Locura es seguir haciendo lo mismo y esperar resultados diferentes"
Albert Einstein

Oremos:

Padre te entrego esta etapa de mi vida, necesito tu luz y dirección para rodearme de las personas y lugares adecuados para dejarme enseñar. Rindo todo impulso a estar sola, rindo el orgullo de no dejarme mentorear, perdóname Señor, me libero de todo dolor o amargura por causa de algún mal liderazgo en el pasado. Les perdono, vacío mi corazón de todo sentimiento negativo hacia autoridades, pastores o líderes, maestros o jefes. Anula de mi vida la inconsistencia y la deserción; a partir de hoy, lo que inicie lo termino en tus fuerzas Señor. Gracias por crearme con un propósito en esta tierra lo que has puesto en mí se desarrolla en Tu Nombre. Amen

Capítulo 3

Tiempo de romper
(2ª Etapa)

-Nos deleitamos en la belleza de la mariposa, pero rara vez admitimos los cambios que ha pasado para lograr esa belleza.
Maya Angelou - Poetisa Estadounidense

2ª. Etapa: *Oruga. Cuando salen de los huevos su tamaño es diminuto, pero crecen muy rápido debido a que son muy voraces. Su piel no es muy elástica, por eso, para poder crecer y aumentar de tamaño tienen que cambiarla y a esto se le llama "muda". Las orugas mudan 4 ó 5 veces durante su desarrollo.*

41

En esta etapa la larva u oruga debe abastecerse de todos los nutrientes que va a necesitar para la siguiente etapa. En el caso del ser humano esta es una etapa peligrosa, donde existe alimento por doquier, nos encontramos en un estado de satisfacción y podemos pensar que este período es el todo. Esta etapa tienes que disfrutarla, pero a su vez reconocer que es tu tiempo para recargar tu vida. Tienes que llenarte de manera plena en todos los sentidos, porque todo en esta vida es temporal.

La falta de conocimiento y aceptación de esta etapa pudiera ser la causante de que muchas personas estén sumidas en la depresión, por vivir presos del pasado o por la ansiedad al vivir presos del futuro.

Muchas mujeres viven tan frustradas por estar añorando lo que ha pasado, quieren que la relación en la que se encuentran vuelva a ser exactamente como cuando eran novios. Quieren que los hijos y el hogar sean exactamente como una época determinada, y así sucesivamente.

"Nunca digas: ¿Cuál es la causa de que los tiempos pasados fueron mejores que estos? Porque nunca de esto preguntarás con sabiduría".
Eclesiastés 7:10

¿Dónde estás ahora?

Trata de hacer una panorámica de todas las áreas de tu vida, disfrútalas, vívelas a plenitud, que no te quede ningún remordimiento porque va a pasar y no volverá.

Pablo dijo: (...) **He aprendido a contentarme cualquiera que sea mi situación" (Filipenses 4:11)**

El contentamiento es muestra de una vida equilibrada.

Muchas personas están rodeadas de gente de las que no aprenden nada, no porque esas personas no tengan nada que aportar a su vida, sino que sencillamente, piensan que esa persona siempre estará ahí. Lo mismo pasa con instituciones, empleos, negocios, la iglesia…¿qué estas comiendo de estos lugares o de las personas que te rodean en este momento de tu vida?

Otras personas están tan pendientes de lo que quieren lograr o alcanzar en el futuro, que de igual manera no están recibiendo los nutrientes o energía vital que van a necesitar en un determinado momento.

El lugar donde te encuentras es el que te está preparando para la siguiente etapa de tu transformación. Cuando vives con este punto de equilibrio, ni la amargura ni la desidia tendrán poder sobre ti porque ese lugar o esas personas, por insufribles que te parezcan, han sido provistos para abastecerte de los elementos que necesitas para la siguiente etapa de tu transformación.

De igual forma, te libertas del estrés y la ansiedad para disfrutar los momentos buenos de la vida.¿Cuántas personas llevan el trabajo a su casa porque no saben compartir con la familia?, muchos dicen "estoy buscando lo mejor para mis hijos" y ocupan el tiempo que debe estar reservado para compartir con sus hijos.

Sin remordimientos

En una ocasión estaba pasando por una etapa de mucho agotamiento y estrés, era soltera en ese entonces, y justamente por eso, entendía que debía estar en todo lo que pudiera para servir al Señor, también trabajaba y estudiaba hasta que un día sostuve la siguiente conversación con mi pastora Olga Tarón:

Pastora Tarón: *cuéntame de tu semana ¿cómo va?*
Yo: *Con mucho trabajo entre la iglesia, el trabajo y los estudios estoy ocupada de lunes a lunes.*
Pastora Tarón: *¿y cuál es el tiempo que tienes para ti?*
¡Esta pregunta me dejo perpleja! La verdad me voló el cerebro, no supe qué responder.
Ella mirándome me recalcó:

Pastora Tarón: Sí, para ti, ¿en qué momento lees un libro, te pintas la uñas o ves una película, simplemente para descansar?

Debo reconocer que al principio me sentí perpleja ante la pregunta tan "anti-espiritual" de mi pastora —¡es broma!— la verdad es que me sentí avergonzada, así que empecé a hacer cambios (metamorfosis) en el horario, organizar mi tiempo con Dios y el tiempo para mí, para mi familia y para la iglesia.

Muchas mujeres solteras entienden que el tiempo para la familia sólo se organiza cuando se casan, lo cierto es que hay que organizar el horario para estar en casa con los padres y demás familiares.

Miro atrás y le doy tantas gracias a Dios por la sabiduría que tienen los pastores que me ha dado porque disfruté de esa etapa y me entrenó para las que venían, pero, sobre todo, no tengo ningún remordimiento, no he sentido que me falta algo, que haya cosas que me falten por disfrutar.

Les ocurre a muchas mujeres que estando casadas desean volver a tener un estilo de vida como cuando eran solteras. Otras estando en la edad madura añoran vestirse como jovencitas. Viven inconformes con sus vidas, esta inconformidad las lleva a tomar decisiones que no son saludables, porque no aprendieron a disfrutar de las etapas en las que estaban en el momento oportuno, y peor aún, ni saben ni disciernen en cuál etapa de sus vidas se encuentran.

**"y también que es don de Dios que todo hombre coma y beba,
y goce el bien de toda su labor".**
Eclesiastés 3:13

Para reflexionar

¿Dónde estás? ¿En cuál etapa de tu vida te encuentras? Cualquiera que sea la repuesta ¡Disfruta! Organiza tu horario de forma consciente y equilibrada. Los amigos y amigas necesitan un espacio en tu agenda, al igual que tu familia, y sobre todo, dedica tiempo para el Señor ¿cuál es el horario para encontrarte a solas con Él?

¿Eres joven? Estudia, capacítate, probablemente estés perdiendo tiempo en cosas que no aprovechan y que no te servirán de nada en la siguiente etapa de tu vida.

¿Eres adulta? ¿Casada? ¿Soltera? ¿Con hijos? Es igual para ti ¡organízate! Vive, aprecia este tiempo.

El vivir en una sociedad sumergida en el consumismo, nos ha hecho entender que el disfrute es sinónimo de gastos. Sin embargo, si haces un ejercicio mental de recordar los momentos que más te hicieron reír, te aseguro que el dinero no está involucrado.

¿Cuántas mujeres recuerdan haberse divertido tanto subiéndose en una yagua[1] para deslizarse por una pequeña colina? ¿O cuantas jovencitas recuerdan haber disfrutado tanto en casa de una amiga ayudándole a limpiar?

Los ejemplos podrían seguir, pero qué tal si lo piensas ¿cuáles fueron esos momentos para ti?

¿No crees que es tiempo de darles más espacio en tu vida?

---

1. Yagua: Parte de una planta palmera que en los campos de República Dominicana los niños utilizan para jugar, subiéndose en ella para deslizarse. Postdata: ¡Es muy divertido!

Empieza por ti misma

Las siguientes palabras están inscritas en la tumba de un obispo (1100 d. C.) en la cripta de la abadía de Westminster:

Cuando yo era joven y libre y mi imaginación no conocía límites soñaba con cambiar el mundo. A medida que me fui haciendo mayor y más prudente descubrí que el mundo no cambiaría, de modo que acorté un poco la visión y decidí cambiar solamente mi país.

Pero eso también parecía inamovible.

Al llegar a mi madurez, en un último y desesperado intento, decidí avenirme a cambiar solamente a mi familia, a los seres que tenía más próximos, pero ¡ay!, tampoco ellos quisieron saber nada del asunto.
Y ahora que me encuentro en mi lecho de muerte, de pronto me doy cuenta: «Sólo con que

hubiera empezado por cambiar yo mismo», con mi solo ejemplo habría cambiado a mi familia. Y entonces, movido por la inspiración y el estímulo que ellos me ofrecían, habría sido capaz de mejorar mi país y quién sabe si incluso no hubiera podido cambiar el mundo.

Anónimo

Capítulo 4

Tiempo de romper
(3ª Etapa)

"Y justo cuando la oruga pensó que se acababa el mundo, se convirtió en mariposa".

Anónimo

3ª Etapa:Crisálida: *Es donde tiene lugar la metamorfosis.*

Durante esta fase la oruga permanece inmóvil y sin alimentarse y poco a poco se va formando el cuerpo de la mariposa dentro de la crisálida. En esta etapa la Crisálida o capullo tarda de 7 a 21 días (y hasta dos meses según la especie). Ella misma construye el capullo o crisálida, busca un lugar seguro, en soledad, para quebrantarse a sí misma y volverse crisálida. Cuando sus alas y el aparato reproductor se han formado,está lista para salir. Entonces, tiene que empujar y romper por sí misma lo que la contiene.

Esta última muda es un proceso de agonía y desprendimiento con sacudidas intensas.

Si no empujas te mueres

Esta etapa me recuerda a la labor de parto: es un proceso de dolor, agonía y fuertes contracciones, pero el bebé no sale si la mujer no puja. Y me pregunto¿cuántos bebes han muerto en este proceso? o ¿cuántas mariposas han quedado atrapadas en su propia crisálida?

Me parece interesante que ella misma construye el capullo y se aparta a solas para que el proceso de metamorfosis ocurra.

Recuerdo a un hombre en la Biblia llamado Jacob quién tomó la decisión de estar a solas porque había un cambio de carácter, de vida y *de perspectiva que tenía que experimentar.*

Esa es la gloria de la transformación. No llames proceso a aquello que es una consecuencia del pecado, imprudencia o malas decisiones. Es muy importante saber en dónde estamos y que provocó que estuviéramos ahí.

La transformación de Jacob ocurrió cuando decidió quedarse a solas con Dios y lidiar con su carácter, sin máscaras: esto es lo que soy, estas son mis impurezas.

Pero ¿qué le llevó a este punto? El cansancio, el agotamiento de tanto huir. El espíritu de escapismo es muy agotador. Tarde o temprano vas a tener que dejar de escapar y dejarte transformar o morir en la condición en la que te encuentras.

Jacob huyó a una tierra lejana de su familia, y tú ¿a dónde te escapas? ¿Al alcohol?, ¿a conversaciones vanas?, ¿al trabajo, las amistades o las salidas?, ¿a alguna sustancia que te ayuda a dormir? ¿a múltiples actividades en una iglesia?, ¿a una agenda copada de compromisos?, ¿qué es lo que buscas que se ha convertido en una anestesia para la insatisfacción de vida que llevas?

En esta etapa hay que romper el espíritu de conmiseración y discernir el tiempo para encontrarte contigo y con Dios, para que se revele el carácter, las intenciones ocultas del corazón, las enfermedades emocionales y espirituales que cargas, a fin de que sean rotas y puedas volar para cumplir con el diseño divino.

Prepárate ¡es tiempo de romper!

El asunto con el rompimiento es que no se obtiene con imposición de manos, ni en actividades, es en soledad. Muchas mujeres no saben estar solas. Por esto viven distraídas, no disciernen lo espiritual, no saben en qué lugar están o en cuál deberían estar.
Nadie le indica a la oruga cuándo es tiempo de iniciar la crisálida. Nadie te lo dirá a ti, es algo entre tú y Dios. La respuesta de todo lo

que necesitas en tu vida está en Su Presencia. Es tiempo de soltar los atajos, necesitas una conversación seria con Dios y exponerte a Su Palabra. Los atajos pueden ser las oraciones en cadenas que te envían a través de las redes sociales, ó buscar que otros oren por nuestras situaciones, sin orar nosotros por ellos. Necesitas una activación divina en la presencia de Dios, no en tus términos, sino en los de Él.

Estamos en una época donde la gente es tan arrogante que entiende que Dios tiene que moverse según las indicaciones que ellos den.

Jacob sabía que necesitaba ese tiempo a solas con Dios y poner su vida en sus manos sin embargo usó mucho tiempo de su existencia escapando, actuando con astucia, debatiéndose entre dos mujeres, tratando de lograr lo que se supone que da la felicidad al ser humano. Ese hombre estaba bendecido, sin embargo le dice a Dios: "No te dejaré si no me bendices", lo que indica que hay otro tipo de bendición que debemos procurar, la cual, ofrece la verdadera satisfacción. Este hombre fue transformado al diseño que Dios había determinado:

"y le respondió Jehová: Dos naciones hay en tu seno, Y dos pueblos serán divididos desde tus entrañas; El un pueblo será más fuerte que el otro pueblo, Y el mayor servirá al menor" *(Génesis 25:23).*

¿Qué sucedió cuando los niños nacieron?

"Cuando se cumplieron sus días para dar a luz, he aquí había gemelos en su vientre. Y salió el primero rubio, y era todo velludo como una pelliza; y llamaron su nombre Esaú. Después salió su hermano, trabada su mano al calcañar de Esaú; y fue llamado su nombre Jacob [Esto es, el que toma por el calcañar, o el que suplanta.] Y era Isaac de edad de sesenta años cuando ella los dio a luz". *(Génesis 25:24-26)*

¿Lo puedes ver? La historia cambia bastante, Dios dice: hay uno que será un pueblo fuerte

y el mayor servirá al menor. Sin embargo, al momento del nacimiento la mano del niño menor agarraba el tobillo del que sería el hermano mayor, por éste hecho le ponen por nombre"el que suplanta". Es impresionante como una acción, un solo momento, puede trastocar el destino de una persona.

Rebeca tenía problemas con la mentira, como lo demuestra cuando roba los ídolos a su padre y la mentira que usó para no ser descubierta, demostrando su falta de carácter. Luego, organiza una trama como si fuera una película para que su hijo favorito obtuviera la bendición. Desde su nombre hasta su crianza, todo había conspirado para trastocar el destino de Jacob.

Dios sabe que como te hayan criado o lo que te hayan hecho no te define, lo que te define es lo que Él determinó para ti antes de que fueras concebida. Cuando Jacob tiene su encuentro con Dios la bendición que recibe es el cambio de nombre, la restauración de su verdadero destino, el sello de su identidad, de suplantador a Israel que significa: «Dios es fuerte» (yisra 'él). (heb. y aram. Yisrâêl, "Dios contiende [lucha]", "el que lucha con Dios", "soldado de Dios" o "reinará con Dios").

Jacob necesitó empujar, romper con lo que le contenía, el tenía lo que todo humano desea: riqueza, familia, pero esto no era lo que le definía, sino aquello para lo que fue marcado desde antes de nacer, aquello que le haría trascender en esta tierra para marcar generaciones.

Cuando la mariposa empuja su cuerpo se fortalece para poder volar y cumplir con el propósito de su existencia. ¿Qué es lo que te está conteniendo?

Prepárate ¡llegó el tiempo de empujar!

Para reflexionar

Tomate un momento a solas con Dios. Es tiempo de exponerte a Él, que el Espíritu Santo te revele aquellas acciones o debilidades que están mermando tu desarrollo en todas las áreas de tu vida, profesional, intelectual, familiar, espiritual, física, etc. Hay etiquetas que se tienen que romper: unas te las pusieron, otras te las pusiste tú misma, proclamando fortaleza, te has atado con los dichos de tu boca. Es tiempo del orden de Dios sobre tu vida, porque estás en esta tierra con un destino mayor que sólo trabajar, comer y dormir.

Te va a ayudar mucho, buscar una mentoría espiritual, alguien que sepas que vive su vida entera para Dios. Necesitamos tener la humildad de dejarnos ayudar, de buscar consejo a fin de que se rompan esos impedimentos que no los puso Dios, ni son Su voluntad para ti.

"Porque yo sé muy bien los planes que tengo para ustedes —afirma el Señor —, planes de bienestar y no de calamidad, a fin de darles un futuro y una esperanza".
Jeremías 29:11

Nueva Versión Internacional (NVI)

Y a ti ¿se te movió la tierra?

A los once años Ángela sufrió una grave enfermedad que le afectó el sistema nervioso. No podía caminar, entre otras dificultades en sus movimientos. Los médicos no albergaban esperanzas de que llegara a recuperarse alguna vez y predijeron que pasaría el resto de sus días en una silla de ruedas. En su opinión, eran muy pocos, por no decir ninguno, los casos en que el paciente podía volver a la vida normal. Pero Ángela no se amilanó. Inmovilizada en su lecho del hospital decía, a quien quisiera oírla, que ella estaba decidida a volver a caminar algún día.

La trasladaron a un hospital en el área de la Bahía de San Francisco especializado en rehabilitación, donde echaron mano de todas las terapias que era posible aplicar en su caso. Los terapeutas estaban fascinados por el espíritu de lucha de la niña. Le enseñaron una técnica de trabajo que se basa en imaginar los movimientos; algo que, aunque no obtuviera resultados, le daría al menos una cierta esperanza, además de ocupar su mente durante las largas horas que tenía que pasar despierta en la cama.

Ángela se esforzaba todo lo que podía en las sesiones de terapia física, en la piscina y en los ejercicios que le prescribían, pero no menos empeño ponía en cumplir fielmente con las sesiones de trabajo mental en las que se imaginaba moviéndose, moviéndose... ¡moviéndose!

Un día, mientras ponía todo su empeño en imaginarse que sus piernas volvían a moverse, creyó que se estaba produciendo un milagro: ¡La cama se movió! ¡Empezó a moverse por la habitación!

—¡Mirad lo que estoy haciendo! —gritó Angela, entusiasmada—. ¡Mirad, mirad! ¡Me muevo, me muevo!

En ese momento, en el hospital, todo el mundo también gritaba y corría en busca de protección. La gente vociferaba, las máquinas y los instrumentos se caían, los cristales se rompían. ¡Se estaba produciendo un terremoto en San Francisco! Pero no se lo dijeron a Ángela quien estaba convencida de que fue ella quien lo hizo. Ahora, pocos años después, ha vuelto a la escuela. Camina sola, sin muletas ni silla de ruedas. Y, por cierto, alguien que es capaz de hacer temblar la tierra desde San Francisco a Oakland puede superar una enfermedad tan tonta, ¿no?

Hanoch McCarty

Capítulo 5

Resurgiendo de las enizas

"Bien que fuisteis echados entre los tiestos, Seréis como alas de paloma cubiertas de plata, y sus plumas con amarillez de oro".

Salmos 68:13

Esta soy yo, camino sin perturbación en la lozanía de mi vida, tengo tantos sueños, todo a mi alrededor parece brillar, los colores parecen sobresalir donde quiera que paso, soy la hija de un Rey lo que hace que mucha gente a mi alrededor me trate con pleitesía, tengo a la vez el cariño y aprecio de mi familia, entre ellos mi hermano Amnóm, quien, no sé por qué, se ha vuelto muy cercano en estos días.

Hoy me llamó, está enfermo y quiere que le prepare algo especial. En un momento pienso: ¿por qué yo? Si hay tantos sirvientes, pero, es mi hermano, así que lo voy a complacer.

Llegué hasta su recámara, y al entrar, pidió que nos dejasen solos. Algo en mí se enciende, es como una alarma, no me parece apropiado, muevo mi cabeza y pienso: es mi hermano, ¿por qué me alarmo?

De repente, se abalanza sobre mí, me resisto y lucho, pero es en vano, es más fuerte que yo, es un hombre de guerra, grité y nadie me oyó, clamé por ayuda, nadie acudió, no tuve fuerzas, el peso de su cuerpo fue mayor que mis intentos de escapatoria, estaba atónita, aturdida, no lo podía creer, ¿qué era lo que estaba pasando? Había depositado mi confianza en él, él era mi familia ¿cómo podía estar sucediendo esto? Mientras, de mí brotaban torrentes de *lágrimas, no pensé que tendría tantas, se va desgarrando mi alma, y él va destruyendo aquello especial e íntimo que guardaba para alguien que me amara y que yo amara.*

Cuando terminó pude ver en sus ojos tanto desprecio... eso no era amor. Y allí me dejó, tirada, con mis sueños rotos, sentí que se me fue la vida, creí que moriría, tal vez debió ser así, todo a mí alrededor perdió su color, me siento marchita por dentro. Me embarga una sensación de asco, vergüenza y dolor...

"Y llevaba ella un vestido de diversos colores, traje que vestían las hijas vírgenes de los reyes. Su criado, pues, la echó fuera, y cerró la puerta tras ella. Entonces Tamar tomó ceniza y la esparció sobre su cabeza, y rasgó la ropa de colores de que estaba vestida, y puesta su mano sobre su cabeza, se fue gritando"
2ª Samuel 13: 18 - 19.

Este fue el triste final de una doncella víctima de la lujuria y el egoísmo de alguien que sólo la utilizó para satisfacerse sexualmente.

El pasaje hace un énfasis marcado en la vestimenta de Tamar: un vestido de colores que llevaban las hijas vírgenes de los Reyes. Esa era su gloria, el manto era una parte importante en las vestiduras. Se usaban de diferentes colores y formas, y cada una representaba el rango, el pacto, la unción y el poder de Dios.

Tamar se vistió de cenizas.

Ponerse ceniza tenía diferentes significados en Israel, en este caso, era sinónimo de vergüenza. Tamar se vistió de vergüenza.

La violación busca enterrar tu gloria, tu identidad, trae consigo un sentido de despojo y desesperanza. Este es el plan del enemigo con la vida de las personas que han pasado por un hecho tan traumático como este.

Todo aquello que violente tu espacio vital, sea de forma verbal o física (tocamientos, manoseos, golpes),emocional, psicológica o financiera, representa una violación o abuso, y todo abuso, desnaturaliza tu identidad, a través de la vergüenza, la cual, se manifiesta de diferentes formas: timidez, depresión, asumir el dominio o control del cuerpo a través del libertinaje sexual, homosexualidad o retraimiento sexual.

Concomitantemente con este comportamiento o forma de relacionamiento con el mundo que le rodea, la mujer que ha sido abusada tiene que lidiar con un enemigo interno: los recuerdos, esos archivos que quedan guardados en el sub-consciente y dirigen de manera silente su conducta. Esos recuerdos que se lanzan sin pedir permiso y agobian, activando la ansiedad, la opresión y el miedo, a esos les llamo los Expedientes X, están ahí, ocultos de todo y de todos, pero ejercen un poder tal sobre tu vida que no puedes disfrutar de ninguna relación sentimental, te mantienen en un estado de alerta continuo, no te permiten amar y dejarte amar en todos los sentidos.

Esto no debió pasar

No estaba en la agenda de Tamar, ella era inocente, pero la segunda cosa más triste de esta historia, es que Tamar tomó la decisión de vestirse de ceniza y terminar sus días vestida de vergüenza.

El final de Tamar no tiene por qué ser el tuyo. No renuncies a tu naturaleza, no te des por vencida. Tamar pensó que la virginidad era lo que la definía como mujer, ella sintió que lo había perdido todo, pero su valía no radicaba en lo que poseía sino en quien era, en quien la había creado. Ella continuaba siendo la hija del Rey, seguía siendo una princesa, pero decidió vivir el resto de su vida como una despojada.

Tu valía no está determinada por cómo te veas, lo que poseas, o quienes te acompañen, todo eso pasa. Tu valía está determinada por Aquel que te creó y lo que Él ha dicho de ti. la biblia dice: **Él es Jabón de lavadores. Malaquias 2:** *Y nosotros necesitamos que se nos "estriegue" el alma; lo que pasó no te define, no le confieras ese poder a tu perpetrador.*

*Aquello que fue, ya es; y lo que ha de ser,
fue ya; y Dios restaura lo que pasó.*
Eclesiastés 3:15

Salvas del pecado y salvas del dolor

Por mucho tiempo hemos dado énfasis a que el sacrificio de Jesús en la cruz nos liberta del pecado y provee redención eterna. La palabra salvación denota liberación, preservación, liberación material y temporal de peligros y aprehensión, libertad, salud, libertad de la cárcel, mantenimiento de la paz y de la armonía.

El mismo Jesús, el mismo sacrificio, la misma sangre están hábiles hoy para salvarte:

(...) que si confesares con tu boca que Jesús es el Señor, y creyeres en tu corazón que Dios le levantó de los muertos, serás salvo. Porque con el corazón se cree para justicia, pero con la boca se confiesa para salvación. Pues

la Escritura dice: Todo aquel que en él creyere, no será avergonzado. Porque no hay diferencia entre judío y griego, pues el mismo que es Señor de todos, es rico para con todos los que le invocan; porque todo aquel que invocare el nombre del Señor, será salvo.

Romanos 10:9-13

Este es el día de invocar el nombre del Señor para que seas sana y salva de los archivos ocultos, todos los registros, limpieza en la memoria, del sub-consciente e inconsciente, todo recuerdo, que nada pueda apelar a revivir lo ocurrido con dolor o asco.

Él es Señor, invocarle significa abrir tu boca y declarar con ella "esto que me pasó no me define en el nombre de Jesús, renuncio a permitir que este hecho traumático siga controlando mi vida, mis pensamientos y aun mis sueños.

Renuncio a la vergüenza, suelto las etiquetas, no soy la violada, soy Hija del Rey. No me han despojado de nada, Dios restaura lo que *pasó y me pone un manto de colores, recibo mi identidad en Cristo, soy vestida de lino fino, soy vestida de santidad.*

Me visto del nuevo hombre que es Cristo (Efesios 4:24). Recibo la sanidad, la limpieza emocional, mental y espiritual que necesito, rompo con el yugo que ha quedado de este hecho. Recibo mi libertad para amar y ser amada, mi mente es limpiada por la sangre del Cordero, mis emociones son limpias por la sangre del Cordero. Señor Jesús te recibo, como mi dueño, mi Señor, llena Espíritu Santo cada espacio de mi interior, que no haya espacio para nada ni nadie más, gobierna en mis pensamientos. Renuncio a la vergüenza, renuncio a que este hecho me defina, recibo sanidad en mi sexualidad, cumplo con el propósito y diseño para el cual fui creada. El castigo de mi paz fue sobre Él, recibo paz, duermo en paz, camino en paz, en el nombre de Jesús. ¡Amén!".

De modo que si alguno está en Cristo, nueva criatura es; las cosas viejas pasaron; he aquí todas son hechas nuevas.

2Corintios 5:17

¡Adelante! Quítate las vestiduras de cenizas y vístete del manto de colores, el manto del pacto que hace el Padre contigo, el pacto de un nuevo comienzo, de una nueva identidad, manto de autoridad, exhibe tu manto como la hija del Rey que eres.

"Bendeciré a Jehová en todo tiempo; Su alabanza estará de continuo en mi boca. En Jehová se gloriará mi alma; Lo oirán los mansos, y se alegrarán. Engrandeced a Jehová conmigo, Y exaltemos a una su nombre.

Busqué a Jehová, y él me oyó, Y me libró de todos mis temores. Los que miraron a él fueron alumbrados, Y sus rostros no fueron avergonzados.

*Este pobre clamó, y le oyó Jehová, Y lo
libró de todas sus angustia".*
Salmos 34: 1-6

*Una mujer es como una bolsita de té.
Nunca conoces su Fuerza hasta que la
dejas caer en agua caliente.*
Nancy Reagan

De oruga a mariposa

*¿Quién deshojó la flor de tu ingenuidad
y te ha dejado vagando en un pasillo oscuro
por la vida?
¿Quién en vez de proteger trajo maldad?
¿En vez de amar te enseñó a odiar, sin razón,
sin preguntar?*

*Mas Dios, a Jesús envió, el castigo de nuestra
paz fue sobre Él,
Y en sus llagas nos trajo sanidad.
Ha llegado el tiempo de metamorfosis, no más
soledad, no más oscuridad.
Ha llegado tu transformación de Oruga a
Mariposa.
No más dolor, no más quebranto, fue pagado
en la cruz, tus lágrimas seca hoy.
No más dolor, no más quebranto, Ha llegado
tu transformación de Oruga a Mariposa.
Y puedes volar... como una mariposa.*

Canción: De oruga a mariposa
Yira de los Santos

Capítulo 6

El propósito del dolor

Después dijo Dios: Produzca la tierra hierba verde, hierba que dé semilla; árbol de fruto que dé fruto según su género, que su semilla esté en él, sobre la tierra. Y fue así. Produjo, pues, la tierra hierba verde, hierba que da semilla según su naturaleza, y árbol que da fruto, cuya semilla está en él, según su género. Y vio Dios que era bueno.

Génesis 1:11-12

El propósito de Dios es que el proceso de transformación revele, manifieste, cuál es el diseño que ha puesto en ti. Estás cargando algo dentro de ti lo que el mundo necesita. Toda su creación tiene un propósito, así como los arboles tienen una semilla que está en ellos, así nosotras tenemos algo que debe salir a la luz.

Todo proceso de extracción produce dolor.

Sino pregúntele a alguien que haya ido a algún dentista o una mujer en labor de parto. El dolor no es el fin, es el medio para extraer o dejar establecido una protección en nuestras vidas. Cuando se vacuna a un niño, aunque le duele, esa pequeña porción de sustancia deja establecido en su sistema inmunológico una protección de por vida.

Cuando aprendemos a ver el dolor en su justa medida, entonces se hace menos amargo el proceso.

Hagamos un experimento

Vamos a hacer un ejercicio mental. Piensa en aquello que en este momento te produce dolor, lagrimas, decepción, frustración. Ahora suspéndelo por un momento.

Piensa en el pasado en algo que produjo en ti los mismos sentimientos. Ahora piensa, ¿que surgió de ello?¿En qué forma te hizo madurar?¿Cuál fue la experiencia que tuviste?¿Cuáles amistades nuevas conociste en ese proceso?¿Cuáles conexiones fueron formadas por causa de eso?¿Cuáles bendiciones vinieron a tu vida a través de ese proceso de dolor? ¿Lo puedes ver? ¿Te das cuenta? Algo nuevo se está gestando en este proceso que estás viviendo o el que vayas a vivir. Así como la gracia de Dios es multiforme, de igual manera te sorprenderá la magnitud del alcance que tendrá este proceso de desarrollo y transformación en tu vida.

No colocar el dolor en el lugar que realmente le pertenece es una de las estrategias del enemigo que le ha surtido un buen efecto, porque al colocarlo en la posición de que es todo lo que tenemos, nos hace abortar o ignorar aquello que está naciendo.

El dolor es el anuncio de un nuevo comienzo.

Las cosas inanimadas no tienen voz, así que deben expresarse de alguna manera. Una muela en el proceso de salir no puede gritarte ¡¡Hey!! ¡Voy en camino¡ ¡saca eso que está ocupando mi lugar! ¡Oye, tú! ¡Llegó el momento de mudar! ¡¡Hello!! ¡Hay alguien en casa!

Bueno, de hecho, si tuviéramos muelas parlantes sería una locura, y el día que suceda, va a ser peor la cosa por el ataque cardiaco que va a producir.

¿Qué es lo que hace entonces? ¡Duele!
No hay forma en que un bebe tome el cordón umbilical y diga: "Uno, dos, tres, ¡probando! ¡probando! ¡Llegó la hora! A los terrícolas que

están allá fuera ¡favor de prepararse! ¿Qué es lo hace? ¡Duele!

Hace un tiempo vi una película (si tengo que reconocerlo ¡me encanta ver películas! y en nuestra casa tenemos la costumbre de armar un cine casero casi todos los domingos en la noche, vamos a la casa del Señor en la mañana y luego de descansar, tenemos nuestro tiempo de familia. ¡Es maravilloso!

Bueno, en esa película que vi, sucede algo muy triste: una pareja joven de casados recibe la terrible noticia de que el hombre está enfermo de cáncer, y al cabo de un tiempo fallece. Antes de fallecer preparó varias cartas para su esposa donde le daba ciertas indicaciones, al final de todo el proceso, muy doloroso e incomprensible para ella, salió a la luz que en su interior se escondía una prodigiosa diseñadora de zapatos y que realmente era más fuerte de lo que pensaba, y sobre todo, que podía continuar su vida sin él.

Al ver esta película, me dije ¡que tremenda enseñanza! Este hombre, en su proceso de dolor y de muerte, tomó la decisión de no abandonar este mundo sin antes hacer algo que produjera un cambio en su esposa, y a su vez, en los que la rodeaban.

Lo que es una muerte para ti, es una resurrección para otros.

No le des un poder a la gente y a las circunstancias que no merecen y que Dios no les ha conferido. Él no comparte su Gloria con nadie. Deja de darle el crédito de lo que te ha sucedido a otros. Todas las personas que se han visto, se ven y se verán involucradas en tus procesos de dolor (nuevo comienzo) no son el fin, son sólo un medio.

¿Sabes cuando has sanado? Cuando lo ves con agradecimiento, como José que dijo a sus hermanos: "no os entristezcáis, ni os pese de haberme vendido acá; porque para preservación de vida me envió Dios delante de vosotros" (Génesis 45:5), Remite toda gloria a Dios. A

David hubo alguien que le tiraba piedras, no reaccionó con amargura ni conmiseración, no dijo "este después de lo que he hecho por su pueblo mira como me paga", sino que miró a quien tenía que mirar y se refirió a quien tenía que referirse: Dios.

Las personas que en algún momento te dejaron, traicionaron o hirieron, de haber continuado allí, no habrían dado paso a aquellas que están en este momento y que son leales, fieles y te aman a pesar de quien eres.

El idioma de una persona espiritual, emocional y mentalmente sana se llama: Gratitud.

El proceso de sanidad emocional y mental en nuestras vidas empieza con el perdón y es sellado con la gratitud. Mi pastor Gerardo Tarón en una ocasión llevó un mensaje a la congregación que se titulaba "El milagro viene después de dar gracias". Se requiere de mayor dominio del orgullo dar gracias por las aguas amargas que perdonar a los que las han tirado. Dar gracias a Dios por las cosas que nos son dolorosas, nos coloca en una posición de humillación y de reconocimiento de su soberanía. Este paso no es fácil, pero es el que desata el milagro de restauración y restitución en nuestras vidas.

Para Reflexionar

No permitas que este tiempo pase sin ningún beneficio, busca Su Presencia. ¿Qué es lo que Él está trabajando en ti?¿Qué es lo que Él quiere decir?¿Qué es lo va a hacer con esto?¿Cuál es la semilla que ha sido depositada que solo tú puedes producir?

Toma un tiempo para dar gracias, sé que va a ser difícil, pero te aseguro que será un evento liberador en tu vida. Anota cada cosa que consideras injusta o dolorosa y empieza a gradecer al Señor por cada una de ellas, luego,comienza a dar gracias por cada detalle de tu vida en que puedes ver la bendición de Dios.

¡El milagro viene después de dar gracias!

¿Cómo se forman la perlas?

Las Perlas se componen de nácar, una sustancia dura, generalmente blanca, brillante y con reflejos irisados que forma el interior de algunas conchas. Como resultado de un proceso biológico surgen las perlas, pues son la manera en que una ostra o madreperla se protege de partículas que le pueden producir daño.

La ostra, la madreperla y otras criaturas semejantes son llamadas bivalvos, pues su concha está formada por dos partes o valvas. Estas partes están unidas por un ligamento que funciona como una bisagra, permitiendo al animal abrirse y cerrarse. Por lo general están abiertos para poder comer y pueden cerrarse rápidamente para protegerse de algún peligro.

En el interior de su concha se encuentran sus órganos y el manto, que es una especie de piel que cubre a los órganos. Es precisamente el manto el órgano que segrega nácar a partir de los alimentos consumidos por el animal, con la que hace la concha. A medida que el animal crece debe producir más nácar para aumentar el tamaño de la concha.

Cuando una partícula se introduce entre el manto, la concha produce una irritación en el manto, el cual se defiende cubriéndola con nácar. Si la partícula permanece ahí el tiempo suficiente será cubierta con varias capas de nácar hasta convertirse en una perla.

Una ostra que no haya sido herida de algún modo, no puede producir perlas.

La perla es una herida cicatrizada.

¿Te has sentido lastimada por palabras hirientes?
¿Has sido acusada de haber dicho cosas que nunca dijiste?
¿Tus ideas fueron rechazadas o mal interpretadas? ¿O quizás fueron tomadas por alguien para presentarlas como propias?
¿Has sufrido golpes de los que adquieren ideas preconcebidas indebidamente?

¿Has sido objeto de la indiferencia?

Entonces… ¡produce una perla!
Cubre cada una de tus heridas con las capas
del manto del Espíritu Santo, de la gratitud y
del amor.

Hay "ostras vacías" no porque no hayan
sido heridas, sino porque no han sabido
transformar el dolor.

(Tomado del internet)

Capítulo 7

¿Cómo habla un corazón amargado?

La persona que no está en paz consigo misma, será una persona en guerra con el mundo entero.
Mahatma Gandhi

Mirad bien, no sea que alguno deje de alcanzar la gracia de Dios; que brotando alguna raíz de amargura, os estorbe, y por ella muchos sean contaminados.
(Hebreos 12.15).

La palabra amargura según la concordancia Strong´s viene del griego Pikria que significa "perforar con una punta", "descontento" y "carga muy pesada". Esta palabra viene de la raíz Hebrea Morah que significa envenenamiento.

Es un sentimiento duradero de frustración, resentimiento o tristeza, especialmente por haber sufrido una desilusión o una injusticia. Se manifiesta a través del disgusto, pesadumbre, consternación, aflicción, dolor, pesar, desconsuelo, pena, desengaño, desolación, duelo y mortificación. Situación agobiante de manera alargada.

El versículo que vimos al principio dice: brotando raíz de amargura, para que algo eche raíz tiene que pasar por un proceso de crecimiento, de abono y cuidado. Si así es, la amargura llega a arropar el alma por causa de la suma de las acciones que le ayudan a desarrollarse en ella.

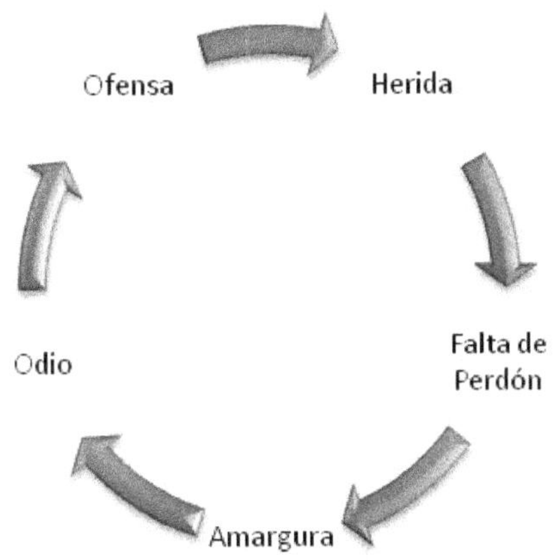

Es un ciclo casi imperceptible que necesitamos reconocer, por esto el verso dice: Mirad bien (observar con atención) ya que volvemos a repetirlo una y otra vez y nos coloca en una posición desventajosa, no con quien nos ha herido, sino con Dios. Fíjate que dice: "no sea que alguno deje de alcanzar la gracia de Dios..." ¿cuántas bendiciones nos hemos perdido por alimentar la amargura en nuestros corazones?, peor aún, nos exponemos a perder lo más grande: nuestra salvación.

Dos perspectivas sobre la amargura

Existen dos situaciones que provocan que estemos llenos de amargura:

La primera, *haber sido criados en un ambiente donde se exaltaba la amargura, ¿cómo así? Hay familias que se enorgullecen de tener enemigos por años y hasta enemigos generacionales, o sea, que los hijos míos no pueden ser amigos de los hijos de mi enemigo.*

Puede ser que hayas sido afectada por una cultura de odio y resentimiento. Por ejemplo, existen padres o madres que cuando sus niños pelean, salen a pelear entre ellos y se ponen enemigos. De alguna manera, se nos enseñó que no perdonar era mantener el orgullo en alto o dar una lección a alguien.

Lamentablemente solo nos perjudicamos a nosotros mismos

La segunda *situación se presenta cuando tenemos una mala interpretación del perdón. Algunas personas piensan que al perdonar están minimizando lo que ha sucedido o están liberando a la persona de toda responsabilidad de lo sucedido.*

¿En qué consiste el perdón?

Perdonar es liberar de la deuda. Es interesante que la palabra perdón Jesús la utilice en una parábola que tiene que ver con finanzas (Mateo 18:23-35). Jesús nos enseña que perdonar es condonar o levantar la imposición de pago. Lo que ha sucedido no lo podemos revertir, pero esperamos que esa persona pague por lo que ha hecho o nos retribuya algo.

Un buen ejemplo acerca del perdón lo vemos con José, al final ,él no procuró que sus hermanos hicieran todo un proceso para pedirle perdón o para que reconocieran su falta, no buscó reposición por el agravio.

En términos prácticos, cuando alguien nos hiere o nos causa algún daño, de manera consciente o inconsciente estamos esperando que la persona haga algo, diga algo, reconozca lo que ha hecho, y cuando no vemos esas acciones nos amargamos.

El corazón sano remite todo al Señor, de manera literal, y a la vez que hace esto, ora de manera genuina por aquellos que le hayan agraviado, ora bendiciéndole. Cuando no hacemos esto nos volvemos personas amargadas.

La amargura es el resultado de la falta de perdón. @nochedeletras.

Una persona con un corazón amargado está ansiosa, su mente está ocupada por el hecho que ha pasado, luego viene la etapa donde no piensa tanto en lo ocurrido, pero ha desatado declaraciones o maldiciones auto impuestas que la psicología llama profecías auto cumplidas.

La teoría de la profecía auto cumplida explica que cuando tenemos una creencia firme respecto a alguien, acaba cumpliéndose. Nuestra conducta intenta ser coherente con las creencias que sostenemos.

Bueno, esto no es nuevo, siempre digo que la mejor enseñanza sobre psicología está en la Biblia, en Proverbios 23:7ª que dice: **"Porque cuál es su pensamiento en su corazón, tal es él".**

Por ejemplo, si una joven tiene una relación en la que se entera que ha sido engañada, ciertamente tendrá una herida muy profunda en su corazón. En medio del dolor, la ira y la frustración, diría frases como: Pero que tonta soy!, no se puede entregar el corazón completamente a nadie!, no se puede confiar en nadie, no vuelvo a enamorarme, no voy a creer más en los hombres! Lo que dice se reflejará en su conducta, de tal manera que asumirá acciones de evitación, de enclaustramiento o de auto sabotaje que confirmarán lo que *ha declarado,* **"Te has enlazado con las palabras de tu boca, y has quedado preso con los dichos de tus labios"** *(Proverbios 6:2).*

El corazón amargado Vs. el corazón sano

El corazón amargado se enfoca en lo que los otros hacen e intenta demostrar que pueden ser mejores de lo que los otros piensan.

El corazón que está sano se enfoca en lo que ha hecho Dios, ya saben quiénes son y que no tienen ninguna competencia ni nada que demostrar porque se saben únicos e irrepetibles.

El corazón amargado trata de obtener o alcanzar logros con la motivación de echárselo en cara a aquellos que en alguna ocasión le minimizaron.

El enfoque esta puesto en los logros porque su estima o valía depende de ello.

Se enfoca en realzar lo que pasó, no le da la honra al Señor, se llena de orgullo, está lleno de rabia contenida. Aunque usa palabras bonitas, se puede reconocer el espíritu que lo gobierna. En realidad se está glorificando a sí mismo.

El corazón sano reconoce que todo lo que logre es del Señor y para el Señor, está lleno de gratitud aun hacia aquellas personas que no le apreciaron porque fueron parte de su formación.

El corazón sano agradece el resultado y reconoce que esa situación fue la punta de lanza para su bendición. Recuerda sin dolor y honra las cosas positivas que fueron formadas en su vida gracias a esa temporada.

Frases o slogans del corazón amargado

Mientras escribía el presente libro tenía en mente este capítulo y fui recopilando algunas frases que algunos toman como frases motivacionales, otros hasta la espiritualizan, pero la verdad es que manifiestan un corazón amargado. Es importante reconocerlas para que nos desintoxiquemos de esta práctica que solo nos ata más.

• Intentaron enterrarnos, pero no sabían que éramos semillas.

• Usa el arma de tu sonrisa contra aquellos que quieren ver tus lágrimas.

• Me encuentro feliz ¿y sabes por qué? Porque yo no espero nadie de nadie. Esperar cosas de los demás es la mejor forma de sufrir. Para ser feliz tienes que esperar en Dios y nadie más......

• Para vivir feliz es mejor no esperar nada de nadie: "Quien te piense que te escriba". "Quien te extrañe que te busque". "Quien te quiera que lo demuestre". ¡Dios es fiel!

• La herida sana pero uno ya no es el mismo.
• Las heridas del alma nunca sanan, sólo están adormecidas.

• En medio de tanto dolor, de tanto sufrimiento de tanta decepción ¿como hace una para perdonar, si es que realmente se puede? ¿Como una perdona a la persona en la que creíste ciegamente, la que te juró amor y de la que jamás esperabas una tracción, alguien me puede decir como una hace eso? Y muy cierto una jamás vuelve a ser la misma esa persona se muere y nace una nueva.

• Cuando mejor te portas con alguien peor te tratan.

• Quien te lastima te hace fuerte, quien te critica te hace importante, quien te envidia te hace valioso, y a veces es divertido saber que aquellos que te desean lo peor... tienen que soportar que siempre te ocurra lo mejor. Porque cuando la mano de Dios se mueve a tu favor, no hay nada ni nadie que la pueda detener.

• Si la gente dice cosas malas de ti y te juzgan como si te conocieran, no te sientas mal recuerda que también los perros ladran cuando no conocen a las personas.

• Soy de pocos amigos porque nunca he sido bueno coleccionando hipócritas.

• La vida es muy corta para estresarte con aquellas personas que ni siquiera merecen ser un problema en tu vida.

• Brindo por todo lo malo que he hecho, ya que de lo bueno nadie se acuerda. Salud!

• Amo a la gente que habla a mis espaldas, porque es ahí donde deben estar... ¡Enfrente estoy yo!

• Ser bueno nos es sinónimo de ser idiota. Ser bueno es una virtud que algunos idiotas no entienden.

• La gente falsa es igual que las cucarachas: no tengo miedo de ellas, solo me dan asco... y lo peor de todo es que están por todas partes.

Y la lista puede seguir y seguir...

Para que podamos tener un corazón sano —algo que contribuye a guardar nuestra santidad, sin la cual nadie verá al Señor — necesitamos hacer un acto verbal de anulación o reversión de los dichos de nuestra boca en los procesos en los que hayamos sido heridos. También, dejar de exhibir las heridas enmascarándolas con frases que parecen "santas", pero que en realidad están cargadas de amargura, y finalmente, no declarar ninguna resolución basándonos en cómo nos sentimos.

Te animo a soltar esas amarras, a ser libre de manera total, cuando Jesús dijo "bendice a tus enemigos" nos estaba dando una medicina para el corazón, todo lo que el hombre sembrare eso cosechará. Serás atada positivamente a los dichos de tu boca, cuando profieras bendición a aquellos que te hayan molestado, herido o maltratado, ya que estás actuando a tu favor. Es un ciclo hermoso, es un milagro creativo en nuestro interior. Y debes aplicar esta medicina continuamente: 70 veces 7 implica desarrollar un espíritu perdonador y restaurador.

Para Reflexionar

Ahora tomate unos momentos a solas con tu Padre, escribe los nombres y apellidos de cada persona que te haya causado algún dolor y abre tu boca perdónales, empieza a bendecirlos, esto es un 911 por tu sanidad y tu liberación.

Es tiempo de vivir la buena vida que Cristo pagó en la cruz por ti y por mí. El castigo de nuestra paz fue sobre él (Isaías 53:5), no sigas permitiendo que otros gobiernen en el trono de tu corazón, confiéreselo al Señor desde ahora y para siempre.

Es un proceso continuo, en este momento lo estás haciendo por todo lo que te hicieron hasta el día de hoy,pero decide hacerlo cuando vengan otras heridas, pues mientras vivamos estaremos expuestos a las ofensas y errores de los demás, al igual que a los propios, así que te animo a que lo uses continuamente como un antídoto para mantener tu corazón en contentamiento y en el gozo del Señor.

Los dos monjes

En una peregrinación dos monjes llegaron al lado de un río. Se encontraron con una muchacha que evidentemente no sabía qué hacer, porque el río estaba crecido y ella no quería mojarse la ropa. Sin pensárselo dos veces, uno de los monjes se la cargó a la espalda. Allí, vestida con sus mejores galas, la llevó al otro lado del río y la dejó sobre terreno seco.

Luego, ambos monjes siguieron su camino, pero pasada una hora, el otro monje empezó a quejarse:

—Indudablemente, no está bien tocar a una mujer; va contra las reglas tener contacto con mujeres. ¿Cómo has podido ir contra las reglas de la vida monástica?

El que había cargado con la muchacha siguió andando en silencio, hasta que finalmente dijo:

—Hace una hora que la dejé en la orilla del río; ¿por qué sigues todavía cargando con ella?

Irmgard Schloegl
The Wisdom of Zen Masters

Capítulo 8

Manto de Alegría

Porque será que en muchas ocasiones, cuando hay un entierro llueve?

Pareciera que las nubes se pusieran de acuerdo con el alma, mientras el ensordecedor sonido de la tierra golpeando el ataúd resuena en lo más profundo de nuestro ser, los sentidos se agudizan, los llantos, no importa de quienes sean, se pueden distinguir, es extraño y hasta irreal, parece un sueño fatal, la diferencia es que no puedes despertar, se queda allí, ese vacío, ese sin sabor y la sensación de sentirte *acorralada por tantos pensamientos inciertos, a esto le sumas, los recuerdos, son tan vividos y desgarradores, cada palabra, cada sonrisa, cada acción, es un lamento.*

Cómo escapar? Es un dolor tan profundo que no existe calmante o palabra que lo mengue, ni siquiera Dios... es tanta la soledad y te ves rodeado de tanta gente, tantos abrazos que no logran apaciguar lo desesperante y angustiante que se vuelve aun respirar, tanta confusión, es imposible de tolerar. Luego todos se van...

La vida continua, más bien las actividades cotidianas continúan, sin embargo la vida no parece continuar, algo abrupto ha pasado, algo se ha quebrado y no encuentras la forma que pueda ser reparado. Que vacío tan grande! Cuanta soledad!

Cuanto tiempo ha pasado? Meses? Un año? Tal vez dos o más?

No hablas del asunto, te avergüenza que sepan que en tu interior la tumba sigue abierta, el mismo sonido de la tierra, los llantos resuenan en tu cabeza, y ese vacío, ese sin sabor, tratas de estar ocupada, tratas de seguir adelante, pero hay una melancolía, latente, perenne...

La gente te ve sonriendo, haciendo lo que se supone se debe hacer, seguir adelante... pero la verdad, es que estoy sufriendo, me siento quebrada por dentro.

Y los recuerdos... que se han vuelto un verdugo silente y permanente, tantas palabras no dichas, tantos planes tronchados son tus aliados.

Cómo se logra que cicatrice? Cómo lograr que el alma recobre la vida? Esa chispa que antes tenía, donde aún las cosas más tontas se podían disfrutar, y dejar de sentir una pesada carga al sonreír o la dificultad de sobrellevar una reunión familiar, como volver a sentir el gozo de los logros alcanzados? en mi mente sé que Dios está a mi lado, que es la ley de la vida, pero la verdad es que en mi interior esta tan lejano. Sé que parece una locura, pero necesito *con desesperación ser resucitada, porque ese día, en ese ataúd, quede enterrada.*

Como se reemplaza a quien fue tu mejor amigo, tu amante, el amor de tu vida? Sencillamente no se puede. Hay personas que cumplen roles y eso es todo, pero, como te haces, cuando tu madre era también tu mejor amiga? O cuando tu hijo o tu hija que fueron tan deseados, tan anhelados, ya no están? Habrá sido un hermano, hermana o amigo, lo cierto es que un vacío incierto es lo que te acompaña..., como suples la necesidad de escuchar su voz, su risa, como haces para arrancarte tanto dolor del pecho? Sencillamente, no se puede... Hoy debo confesarlo, necesito algo mayor, una intervención, lo necesito...

Lo sé, probablemente volteaste la página y dijiste: - Creo que el título de este capítulo está equivocado —es que donde estas, muchos hemos estado, te habrás quitado el luto externo, pero tu interior sigue enlutado. Este es el momento de exponerlo, sin máscaras, sin pretensiones, es necesario, porque tiene que haber un cambio.

Mientras escribía esto, recordé a Jesús en la cruz, cuando clamo: ¡Padre porque me has abandonado! Entendí entonces que antes que El Padre perdiera a su Hijo, El Hijo perdió al Padre. Por esta razón, El comprende, Jesús comprende, lo que sientes.

La palabra de Dios dice: El castigo de nuestra paz fue sobre El, este dolor, estas pérdidas que has tenido, fueron sobre El, Él lo experimento, lo sufrió, las llevo consigo, murió con ellas y en Él está nuestra resurrección. Así es! Hoy es tu día de resurrección.

Es tiempo de estar a solas

Entra a un lugar apartado, donde nadie pueda molestarte o llamarte, este momento es vital para ti.

Estas expuesta en este momento al Espíritu Santo, El Consolador, es necesario que hagas algo junto con El, vuelve a esa tumba abierta en tu mente, sé que duele, sé que es difícil, pero es necesario una última vez, la diferencia, es que esta vez es tu despedida, no un hasta luego, debes pararte allí, delante de ese ataúd y despedirte de la persona o las personas que hayas perdido, decir las cosas que por tanto tiempo quisiste haber dicho, es un perdón? Es un te amo o un lo siento? Es tiempo de dejarlo ir, es tiempo de decir adiós...

Aun pronunciar estas palabras puede resultar desgarrador para ti, pero es necesario, deja brotar tus lágrimas, permítete llorar, dejar fluir todas las lágrimas que detuviste tratando de aparentar fortaleza. Las lágrimas es la manera de expresión que Dios nos permite para honrar a aquellos que amamos, no son sinónimo de debilidad sino de amor.

1ra. Declaración:

Padre Celestial, te doy las gracias por el tiempo que me permitiste tener y compartir con la vida de: _____________________ (Menciona su nombre) gracias por la bendición que fue para mi vida.

Querido o querida: ______________
(Menciona su nombre) quiero que sepas lo mucho que significaste para mí (En este punto conversa aquello que es importante, si entiendes que necesitas pedir perdón, o perdonar algo sucedido, es necesario que lo verbalices)

Hoy decido cerrar la tumba que ha estado abierta en mi mente y mi corazón, tu estas descansando y hoy decido descansar del dolor, dejo ir, suelto la angustia, me liberto de toda culpa, queja o amargura, el vacío de mi interior te lo entrego Padre Celestial, llénalo con tu amor. Acepto que lo que ha pasado es parte natural de nuestra existencia y suelto todo lo que me hace aferrarme a la idea de ver o escuchar a ______________

Padre Santo, libértame de las secuelas que ha dejado el dolor en mi vida, las secuelas físicas y emocionales que me han perseguido hasta el día de hoy, una vez más, Espíritu Santo, me dejo limpiar, me dejo sanar, me dejo consolar por ti y me dejo inundar de tu Paz. Duermo tranquila, como tranquila, camino tranquila, porque tu oh Dios me sostienes, Tu eres mi torre fuerte, por ti Señor he podido estar de pie hasta el día de hoy, gracias Padre por tu amor, tu gracia y favor cada día de mi vida, respiro tu paz Señor, respiro tu gracia, respiro tu quietud y tu consuelo, le digo a mi mente, reposa en Dios, le digo a mis emociones, reposa en Dios, Alma mía en Dios reposa.

Gracias Padre...

2da. Declaración:

Lee en voz alta este pasaje El Espíritu Santo con su soplo de vida te embarga, para producir en ti, lo que El Señor te ha prometido:

¹ El Espíritu de Jehová el Señor está sobre mí, porque me ungió Jehová; me ha enviado a predicar buenas nuevas a los abatidos, a vendar a los quebrantados de corazón, a publicar libertad a los cautivos, y a los presos apertura de la cárcel;

² a proclamar el año de la buena voluntad de Jehová, y el día de venganza del Dios nuestro; a consolar a todos los enlutados;
³ a ordenar que a los afligidos de Sion se les dé gloria en lugar de ceniza, óleo de gozo en lugar de luto, manto de alegría en lugar del espíritu angustiado; y serán llamados árboles de justicia, plantío de Jehová, para gloria suya.

¹⁰ En gran manera me gozaré en Jehová, mi alma se alegrará en mi Dios; porque me vistió con vestiduras de salvación, me rodeó de manto de justicia, como a novio me atavió, y como a novia adornada con sus joyas.
¹¹ Porque como la tierra produce su renuevo, y como el huerto hace brotar su semilla, así Jehová el Señor hará brotar justicia y alabanza delante de todas las naciones.

Isaías 61

Ten Paciencia

Probablemente necesites hacer este proceso más de una vez, permite que El Señor, como en el Génesis, produzca en ti el edén que tu alma necesita.

El hará brotar la semilla de la restauración, quitara el luto, para envolverte en un manto de alegría, ministra a tu vida cada día este pasaje, deja que el Espíritu Santo te abrace, en la cruz fue pagada tu salvación, tu paz, el consuelo y tu resurrección, recíbela, aprópiate de ella, no te resignes a vivir una muerte en vida, ya vendrá el momento en que estemos muertos de verdad, pero será para resucitar a nuestra verdadera vida, una eternidad con nuestro Padre Celestial!

Recibe hoy, tu manto de alegría, sal de la cárcel del dolor, del espíritu angustiado y abraza tu resurrección. Bienvenida a la vida!!

Saca mi alma de la cárcel, para que alabe tu nombre; Me rodearán los justos, porque tú me serás propicio.
Salmos 142:7

Capítulo 9

Soltera y Feliz – Casada y Feliz

"Y no temáis a los que matan el cuerpo, más el alma no pueden matar; temed más bien a aquel que puede destruir el alma y el cuerpo en el infierno. ¿No se venden dos pajarillos por un cuarto? Con todo, ni uno de ellos cae a tierra sin vuestro Padre. Pues aun vuestros cabellos están todos contados.
Mateo 10:28-30

Este es uno de los pasajes de la Biblia que Dios imprimió en mi mente y mi espíritu de una manera muy especial. Podemos estar participando de actividades religiosas y aun así sentirnos vacíos, luchando con la depresión, ese enemigo silente que en ocasiones avergüenza porque no puedes explicar porqué te sientes cómo te sientes, especialmente si estas gozando de cosas que habías querido lograr, ya sea en el área intelectual, material, espiritual, ministerial, familiar, etc.

¿Por qué nos persigue esa sensación de vacío?

Yo estuve en una de esas temporadas donde nada parecía tener sentido, donde te preguntas ¿y para qué tanto esfuerzo? ¿Esto es todo? ¿Has estado ahí? Nunca he podido olvidar esa noche— y creo que nunca lo haré —, del año 1997, cuando, al leer este pasaje, pude percibir la voz amorosa de Dios diciéndome: "Yira, Yo Soy Tu Padre, no soy como tu padre". Esas palabras traspasaron mi mente, mi alma y mi espíritu, a tal punto, que las cadenas de tantos años de insatisfacción, de búsqueda de aprobación y aceptación (aún siendo cristiana) fueron rotas. Empecé a llorar a cántaros. Literalmente, Él me estaba lavando, estaba experimentando la revelación del Padre, y a partir de ese día, Dios pasó de ser mi Rey, mi Dios, mi Señor, alguien a quien sólo tenía que obedecer y recibir órdenes a ser mi Padre. Mis ojos espirituales fueron abiertos y recibí su Amor incondicional, fueron soltadas tantas ligaduras, fortalezas mentales que no me permitían vivir una vida en victoria y plenitud de gozo, no es una vida libre de problemas, sino, una llena de esa confianza parecida a la que tienen los niños, de que alguien me ama, me acepta y me valora sin que tenga que ganarlo.

Después de ese hecho trascendental en mi relación con Dios, han habido otros momentos donde Mi Amado, con amor tierno vuelve a reafirmar su amor.

Recuerdo el alumbramiento de mi primer hijo, Joshua David, nació con dificultades respiratorias y tuvo un tiempo de muchos cuidados con el fin de restablecer su salud. Así que te puedes imaginar…madre primeriza y también enfrentando esto.

En muchas ocasiones me quedaba pegada a la cuna, cerciorándome de que estuviera respirando, acomodando la luz de la incubadora casera que tuvimos que improvisar, en fin, era un tiempo de estar muy pendientes de él, ahora, una vida con una carga profética extraordinaria dependía de mi cuidado. Una de esas noches observaba detenidamente como respiraba, mi corazón se inundó, no es por nada, pero mi hijo es hermoso, así que estaba allí, extasiada, enamorada, entonces, vino la voz de Mi Amado, que conozco muy bien, y me preguntó:

-   ¿Qué está haciendo él en este momento para que sientas tanto amor, orgullo y satisfacción?
-   Respondí: -Nada Padre, solo respira.
-   Eso exactamente es lo que siento por ti, no tienes que hacer nada extraordinario para capturar mi atención, solo respiras.

Si ya estaba derretida, despúes de eso, había que recogerme ¡cuanta ternura, cuanta pasión desbordada por mí!

La pastora Loida Tejera, una mujer de Dios a quien admiro y respeto dice: ¿Y que "Diosaso" tan grande es ese que tenemos?

Así es, que Diosaso tan grande tenemos, el amo y creador del universo, está tan atento a mí, me ama de tal forma, me aprecia, me valora de tal manera, que se toma el tiempo de contar mis cabellos!

Cuando caminas en esa revelación, no hay forma de ponerlo en segundo o tercer lugar, no hay forma de no hacer todo lo que Él quiera, lo haces con amor, con agrado, porque sabes que ya tienes tu lugar asegurado, así que lo haces por gratitud, como muestra de cuanto lo amas, cuanto le agradeces, ese amor se vuelve pasión desbordada, te vuelves adoración y te vuelves Su canción.

Entonces somos libres, dejamos de andar tratando de caerle bien a la gente, de lograr el favor y aceptación del mundo. Dejamos de intentar hacer lo mismo en nuestra relación con Dios, procurando ganarnos su gracia o un puesto.

Cuando se quién soy, cuánto valgo para Él, entonces las prioridades cambian. El estar con Él, conocerle a Él, se vuelve la primera acción de la agenda. Cuantas veces estamos tan ocupadas haciendo cosas, actividades para agradar a Dios o a la gente y no hacemos lo más importante: estar a solas con Él, amarlo, escucharlo y obedecerlo.

No soy como tu padre...

Nuestra percepción hacia la paternidad necesita ser sanada.

Una paternidad inadecuada nos deja en un estado de inseguridad y de continuo temor. Mi Padre Celestial sabía que no podía ser sana, ni libre, ni mucho menos cumplir con mi diseño aquí en la tierra si mi percepción de la paternidad no era sanada. El venir de un hogar destruido por el alcoholismo y violencia intrafamiliar dejó en mí las huellas características de un círculo vicioso: mi papá sufrió el abandono de su papá, sus heridas pasadas lo formaron, y el que es herido aprende a herir.

El significado de Padre en el griego es **pater** *(πατήρ, 3962), de una raíz que significa nutridor, protector, sustentador (latín pater, castellano padre). Según esta definición un padre es algo más que un progenitor.*

Muchos son sustentadores, mi padre era un sustentador, trabajaba no importaba en qué, con tal de llevar el pan a la mesa, trataba de cuidarnos del peligro, pero no era un nutridor. En Latinoamérica este es uno de los paradigmas y maldiciones que debemos romper.

La palabra nutrir la expresa muy bien el siguiente versículo: **"Antes bien, nos**

portamos con ternura entre vosotros, como cuida una madre con amor a sus propios hijos" *(1 Tesalonicenses 1:2).*

A los hombres se les enseña que el cuidado y las expresiones de amor les corresponden a las mujeres, cuando venimos al Señor estas ideas o paradigmas deben cambiar por la visión del Reino, que no es más que caminar según el carácter de Dios.

Cuando una niña o niño no reciben de sus padres las expresiones de amor y ternura que necesitan para su formación, van a buscarlo de cualquier forma y en cualquier lugar. El amor tierno de los padres juega un papel preponderante en la formación del adulto. Una persona que ha tenido una relación de amor con su papá terrenal, se le va a hacer muy fácil recibir la paternidad de Dios y entender este concepto en la formación de su vida cristiana. Por el contrario, aquellos que no lo han experimentado necesitan de la revelación del Padre y de una comunidad de creyentes que modelen de manera saludable ese amor.

Agradezco tanto a Mi Padre Celestial que me haya alcanzado a través de la Iglesia Acción Misionera en la que personas como los Pastores Gerardo y Olga Tarón, Ignacio y Florángel de la Cruz, Leonardo Ramírez, Juan Santos, junto a cientos de hermanos en diferentes etapas de mi vida, lidiaron con una persona demasiado herida, pero tuvieron el amor, la paciencia, la firmeza para formarme, amarme y educarme, y lo siguen haciendo. ¡Gracias a Dios por Su Iglesia!

¿Y qué tiene que ver esto con el título?

La sanidad de la paternidad, en nuestras vidas, desarrolla el sentido de valía diseñado por Dios, pues llegamos a amar de manera equilibrada (no como todo el mundo), aprendemos a amar a las personas, a desarrollar amistades genuinas, reconocer los espíritus que operan en los que te rodean, y a pesar de ello amarlos, bendecirlos, pero también a poner los limites correctos, dejas de echar en saco roto, estas en mayor capacidad de ver las cosas, las personas o situaciones desde la perspectiva de Dios.

Solo cuando comprendes lo completa y lo feliz que eres, puedes disfrutar a plenitud estas etapas de tu vida.

Muchas mujeres no saben estar sin compañía física o sexual porque han entendido que esta es la manera en que reciben amor y aceptación, por esto recurren a vestimentas provocativas, a estar en lugares donde las vean, necesitan llenar ese vacío, esa carencia afectiva que les faltó por tanto tiempo; y las casadas, ponen demandas (excesivas) en sus maridos porque quieren que las hagan felices. Son mujeres mutiladas en su afectividad y se casan con hombres también mutilados en su afectividad, teniendo como resultado que los dos vivan demandandose el ¡hazme feliz!

Ponemos demandas en los amigos, la familia, los hijos, hasta en el perro, para que suplan esas carencias. Y damos vueltas en un círculo sin fin porque nadie puede completar el espacio de nuestro ser que fue diseñado para Dios.

Una palabra para las solteras

"No os acordéis de las cosas pasadas, ni traigáis a memoria las cosas antiguas. He aquí que yo hago cosa nueva; pronto saldrá a luz; ¿no la conoceréis? Otra vez abriré camino en el desierto, y ríos en la soledad".

Isaías 43:18-19

Aprende a estar a sola. Cuando permites que el amor del Padre te llene por completo, desarrollas una comunión con Él, serás equilibrada en la manera en que te relacionas con los demás. Vas a dar y a darte a la manera de Dios, vas a aprender a estar sin compañía humana o animal para valorar y apreciar tus momentos con Dios. Y vas a aprender a pasar tiempo de calidad con tu familia.

Cuando la mujer no sabe estar sola tiende a atribuirle al contacto físico un sentido de valía y pertenencia que no tiene. Tu sentido de valía no puede ser provisto por otra persona, sino por quién te ha creado.

Una obra vale lo que a su creador le ha costado. Cuando, por el contrario, es la obra la que se pone el precio, cae en la "oferta y demanda", está buscando que alguien la tome y la lleve a casa no importa el precio.

Pero cuando la obra permite que el creador sea quien la exhiba, como Él sabe el valor que tiene, no se impacienta, espera a la persona correcta que va a ver en ella lo que Él vio y los detalles que la hacen única, a pesar de que haya hecho otras. La obra descansa porque está segura, a salvo, está consciente de que no es cualquier cosa, que la espera no es humillación, sino adquisición de más valor.

Las mujeres deben aprender a estar consigo mismas primero antes de querer estar con alguien. Si tú misma no te soportas ¿cómo vas a encontrar a uno que lo haga?

Ya hablamos de esto al principio: nuestra identidad radica en volvernos como el Único a quien nos podemos parecer, hemos sido formadas a su imagen.

Necesitamos ser tocadas por el amor del Padre

La relación de pareja, ya sea de noviazgo, de esposos o de amistad, es funcional cuando ambos comprenden que esa persona no existe para hacerle feliz, si no que han decidido compartir su felicidad con el otro.

Te expreso en unas líneas lo que me tomó mucho tiempo entender, asimilar y practicar. Pero la transformación empieza con un paso: recibir al Señor como nuestro Padre y desarrollar esta relación de amor genuina y sincera con Él.

Te invito a que tomes un momento a solas con el Padre, y si has experimentado una paternidad tergiversada, sueltes esas amarras, perdones y te despojes de las secuelas que te han dejado marcada. Tu Padre te ve en lo secreto. David decía:

"Como el ciervo brama por las corrientes de las aguas, Así clama por ti, oh Dios, el alma mía"
(Salmos 42:1).

Una de las características que demuestran que no estamos sanas en la percepción de la paternidad, es no saber estar a solas con Dios. Vamos a retiros y actividades que donde hay personas, pero no sabemos tener retiros personales con Él.

Asaf lo entendió, por eso clamó: **¿A quién tengo yo en los cielos sino a ti? Y fuera de ti nada deseo en la tierra** **(Salmos 73:25).**

Hemos aprendido a buscar a Dios cuando hay angustia, por eso nuestra relación con Él está prostituida, porque lo buscamos para clamar por un beneficio. Es el tiempo de romper con eso. Dios, Tu Padre, quiere hablarte, anhela revelarse de una manera personal y única, porque tú eres única, cuando decidas hacer esto podrás decir como Job: **"De oídas te había oído; Mas ahora mis ojos te ven" (Job 42:5).**

No importa el status social que tengas o si eres casada o soltera, todas tus relaciones afectivas cambiarán porque no andarás en la vida con una actitud egoísta de ver quién suple tus necesidades o carencias, sino que te volverás como lo establece el Salmo 1: un árbol plantado, firme y fructífero. Los frutos no sirven para otra cosa que no sea para que alguien los coma, vas a proveer sombra y sanidad para todo aquel que se te acerque.

Oración:

Señor y Dios, recibo a tu hijo como mi Señor y mi salvador y te recibo a ti como mi Padre, suelto todas las heridas y secuelas que hayan venido a mi vida por causa de las carencias que tuve o he tenido hasta el día de hoy, hago un compromiso contigo de dedicar tiempo a nuestra relación, gracias por amarme, llenarme y rodearme de tu amor, aceptación y perdón. Libértame del egoísmo para no esperar que otros suplan la llenura y plenitud que sólo puedo encontrar en ti.

Amén!

Capítulo 10

Sólo para madres

"Porque tú formaste mis entrañas; Tú me hiciste en el vientre de mi madre (…) Mi embrión vieron tus ojos, Y en tu libro estaban escritas todas aquellas cosas Que fueron luego formadas, Sin faltar una de ellas".

Salmos 139:13 y 16

Nuestro Dios es maravilloso, ese hijo o hija que tienes ha sido pensado por Dios desde antes de su nacimiento. Nuestros hijos no son un accidente o un producto de la planificación, las circunstancias a través de las cuales vinieron no son las protagonistas, el protagonista es

Dios que permitió que ese ser maravilloso y formidable creciera, se desarrollara, y no solo eso, no era solo carne y hueso, ya estaba formado el espíritu, el alma, el diseño y el destino profético plasmado en ese ser.

"Como tú no sabes cuál es el camino del viento, o cómo crecen los huesos en el vientre de la mujer encinta, así ignoras la obra de Dios, el cual hace todas las cosas".
Eclesiastés 11:5

Solo de pensarlo o imaginarlo me da un vuelco el corazón, imagínate esto: las huellas digitales se adquieren durante el desarrollo del feto - en la 11va. semana, y no cambia durante toda su vida.-, o sea, que cada muchacho viene con su cedula integrada, me uno al pensamiento de David cuando dice en el verso 6: "Tal conocimiento es demasiado maravilloso para mí; Alto es, no lo puedo comprender"

¡Qué privilegio tan grande nos ha otorgado el Señor! Y a su vez, que gran responsabilidad.

"Como saetas en mano del valiente, Así son los hijos habidos en la juventud".
Salmos 127:4

Dios ha confiado estas flechas en nuestras manos. Nos toca a nosotras ponerle dirección.

Mi esposo es amante del Baseball, siempre que hablamos de este tema él me dice: "Todo pelotero que ha llegado a las grandes ligas, si buscas su trasfondo, tuvo una madre que se fajó, lo educó para hacerse hombre y tenía una chancleta bien ubicada".

La figura paterna es vital en la crianza de los hijos, eso es cierto, pero no podemos escudarnos si esa figura no está presente por alguna razón. Como madres tenemos el reto y el privilegio de levantar a una generación, todo lo que aprendan de nosotras va a trascender de nuestros hijos a los de ellos y así sucesivamente. Así que necesitamos una ayuda mayor que la escuela o los abuelos para bendecir a nuestra generación. Observemos a dos mujeres en la palabra de Dios que nos dan un buen ejemplo de cómo levantar a esa generación:

María: contra todo pronóstico

Cuando lo socialmente incorrecto, se convirtió en lo mejor que le pudo pasar a la humanidad.

El libro de Lucas 1:26-38, nos relata uno de los acontecimientos que cambiarían el curso de la historia de la humanidad. Me llama la atención ver que María fue elegida por las cualidades de su carácter, fue mucho más que un vientre de alquiler, era una mujer llena de gracia, se describe a sí misma como sierva de Dios o esclava del Señor. A su vez, fue valiente, corrió el riesgo de ser mal interpretada, terminar su compromiso con quien sería su esposo, ser objeto de burla y chismes por haber quedado embarazada, y para colmo, quedar como una loca al decir que su hijo era también hijo de Dios. Sin embargo, esta mujer decidió enfrentar todo lo que vendría con tal de que esa criatura naciera, viviera y cumpliera con su destino.

María fue elegida porque era una mujer digna de confianza. Ese hijo o hija, Dios te lo ha confiado y demanda de ti y de mí que nos volvamos mujeres dignas de confianza. María, a su vez sabía que no podría llevar a delante tan grande encomienda si no ponía su fe en Dios, si no se aferraba a Su Palabra, la cual necesitaba para enfrentar los conflictos que se desatarían. También, le ayudó a permanecer firme cuando tuvieron que escapar, pero sobre todo, le sirvió para criar a su Hijo.

Una Reina madre

El capítulo 31 del libro de Proverbios se ha vuelto emblemático a la hora de hablar de las mujeres en sentido general. Al inicio de este capítulo encontramos una gran enseñanza:

"Palabras del rey Lemuel; la profecía con que le enseñó su madre"

Este rey estaba transmitiendo lo que recibió de su madre, a través de la enseñanza verbal y del ejemplo. Esta mujer crió a ese hijo para ser un rey, no para ocupar el cargo de rey. Lo que queremos ver en nuestros hijos cuando crezcan debemos modelarlo. El proceso de transformación en esta área requiere que pensemos ¿en qué tipo de hombre o de mujer deseo ver que mis hijos se conviertan? Esas características que deseo ver desarrolladas en sus vidas ¿están desarrolladas en mí? Las cualidades del carácter que queremos ver en nuestros hijos cuando sean hombres y mujeres, nos toca desarrollarlas ahora.

Nos gastamos la vida queriendo que ellos tengan lo que nunca tuvimos, que no pasen trabajo, y luego tenemos que lidiar con la frustración de haber criado hijos que no son agradecidos, que no tienen consideración. Las cosas materiales no manifiestan amor. Necesitamos tener presencia en el hogar.

¿Qué, hijo mío? ¿Y qué, hijo de mi vientre? ¿Y qué, hijo de mis deseos?

Proverbios 31:2

Es interesante ver que Lemuel no habla de los juguetes caros que tuvo, del camello último modelo que le compraron, de los lujos o sirvientes que tuvo, de la ropa fina que su madre le compraba o tal vez le confeccionaba, ni de la gente de alcurnia con la que se codeaba, tampoco de todos los privilegios de los que gozaba. Este hombre supo que fue amado y deseado toda su vida. Este versículo expresa cómo esta mujer estaba sana en la afectividad y cómo le transmitía con libertad a su hijo de manera física y verbal lo que él significaba para ella. Lemuel era acariciado por su madre con sus palabras y el contacto físico.

Se ha demostrado que el contacto físico a través del abrazo libera la hormona oxitocina que está considerada como la hormona del comportamiento del apego y el afecto y actúa como anti estrés bajando los niveles de cortisol, lo que reduce la ansiedad y la sensibilidad al dolor.

Tenemos la tendencia de dar amor y cariño a los niños mientras están pequeños, pero cuando van creciendo y se hacen más independientes, paulatinamente reducimos el contacto físico, las palabras de afecto y la admiración hacia ellos. Necesitamos en este día despertar y entender que nuestros hijos necesitan que toda la vida les celebremos las acciones positivas que realizan, que les abracemos sin razón aparente mientras nosotras tengamos vida.

Nuestro Padre es amoroso, a través de Su Palabra, Él nos llena de amor y palabras de afirmación.

"Ahora, así dice Jehová, Creador tuyo, oh Jacob, y Formador tuyo, oh Israel: No temas, porque yo te redimí; te puse nombre, mío eres tú (...) Porque a mis ojos fuiste de gran estima, fuiste honorable, y yo te amé; daré, pues, hombres por ti, y naciones por tu vida".
Isaías 43:1y4

"Jehová se manifestó a mí hace ya mucho tiempo, diciendo: Con amor eterno te he amado; por tanto, te prolongué mi misericordia".
Jeremías 31:3

"Porque así ha dicho Jehová de los ejércitos: Tras la gloria me enviará él a las naciones que os despojaron; porque el que os toca, toca a la niña de su ojo".
Zacarías 2:8

"He aquí que en las palmas de las manos te tengo esculpida...".
Isaías 49:16

Para Reflexionar

En este momento, toma un tiempo y analiza ¿qué tanto estas llenando de amor a tus hijos?

Suelta hoy en el nombre de Jesús las carencias afectivas del pasado, toda mutilación en el área emocional llévalas a la Cruz, sé sana en tu identidad como madre, sé sana en la manera de ver o percibir la maternidad, tu eres un agente catalizador, eres formadora de Reyes y Reinas, eres una Reina madre, estas criando una herencia asombrosa para presentarla delante de Dios y la sociedad.

Te invito a abrazar con abrazos y con palabras a tus hijos, no importa la edad que tengan, no importa lo distanciados que estén. Eclesiastés 3:5 dice que hay un tiempo para abrazar, considero que mientras estamos vivos ese es nuestro tiempo.

Virginia Satir, psicoterapeuta estadounidense especialista en terapia familiar dice que necesitamos 4 abrazos al día para sobrevivir, 8 abrazos al día para mantenimiento y 12 abrazos al día para crecer.

Al principio será difícil romper con el patrón negativo de solo mencionarles a nuestros hijos todo lo que hacen incorrecto o que no nos agrada, tenemos esa tendencia, vino a consecuencia de la caída. Antes del pecado, Adán alababa a su esposa, después del pecado sólo encontró defectos. Cuando estamos en Cristo somos restaurados en estas áreas para hablar y amar como nuestro Padre lo hace.

Como María, vuélvete una mujer confiable, una sierva de Dios, es decir, alguien que existe para hacer Su voluntad. Como la madre de Lemuel, cada día abraza y besa a tus hijos con tus palabras y con todo tu ser. Cualquiera que sea la etapa en la que estén tus hijos (niñez, adolescencia o adultez) te necesitan.

Como dato personal te comparto que no pasa un día sin que les diga a mis hijos "te amo" y les dé un abrazo. A medida que van creciendo

soy consciente de que en la vida tendrán
muchos abrazos y muchos te amo de personas
diferentes, pero como el mío, nunca lo tendrán,
llegará el tiempo en el que ya no pueda darlos,
así que necesito llenar sus memorias cada
día del calendario e imprimir sus corazones
con este amor tan grande que Dios me ha
permitido el privilegio de darles.

Un día no estarás y tendrán que estar privados
de ese amor y de ese contacto, así que rompe
todo aquello que te limita, no te creas eso de
que eres seca o de que no te criaron así o que
ellos no quieren, créeme, ellos siempre quieren
y lo necesitan.

Así que, empieza hoy. Probablemente tus hijos
te pregunten:
-Mami ¿te pasa algo?
Entonces respóndeles:
-Que te amo.

Capítulo 11

En la curva de los 'Ta's

Si estas en los Ta's este capítulo es para ti. Si no, solo espera un poco y estarás ahí.

En mi país, República Dominicana Se tiene la idea de que cuando una persona cumple los 30 años de edad entra en a la etapa de los 'tas' (30ta, 40ta, 50ta, etc.) En pocas palabras, significa que tu vida empieza a declinar; y ni se diga si entras en esa edad y no tienes novio o no te has casado, esto es el inicio del juicio final. Pero el Armagedón se arma si estas *divorciada y con hijos. Puedo escuchar como retumban los oídos de las mujeres que están en esta condición cuando le dicen: ¿¡y a quien tú vas a encontrar que cargue contigo y con esos muchachos!?*

Esto ha traído como consecuencia que muchas mujeres se sientan avergonzadas de su edad. La biblia dice: **"Enséñanos de tal modo a contar nuestros días, Que traigamos al corazón sabiduría" Salmos 90:12.** *Entonces, ¡decir tu edad es bíblico! Cuando no quiero decir la edad o me quito años, significa que hay alguna parte de mi vida de la que me siento avergonzada, la edad es solo un número, no te define.*

Entendí porqué una canción llamada "Señora de las 4 décadas" se volvió tan popular, fue como si tantas mujeres en esta edad encontraran a alguien que por fin se dignara a decir algo positivo y agradable acerca de ellas, muchas mujeres tomaron esa canción como un himno a su condición. Por alguna razón se ha entendido que a partir los "ta´s", su vida está acabada, que no tienen objetivos que proponerse, porque según dicen algunos: "Uno es para viejo que va".

Nuestro Señor Jesús era experto en romper paradigmas, fíjate que Jesús inicia su ministerio a los 30ta, no estaba casado, no tenía hijos ¡y vivía con sus padres!. En la cultura Judía ésta era la edad legal en que una persona podía hacer vida pública. Es decir, sus palabras tenían peso. Era una persona respetable.

Cambia el chip

Tú no te mueves por lo que dicte la cultura, por lo que piense la gente o por películas que te hayan etiquetado como una solterona. Esas etiquetas sociales de "jamona", "chuleta" y no sé cuántas cosas más quebrántalas en el nombre de Jesús, nútrete de lecturas y medios audiovisuales que te sumen, no que te resten, vuélvete una mujer que inspira en esta sociedad. Va a venir tu Adán ¡no tendrás que quitárselo a nadie!

Porta tu edad sin complejos, deja de querer vestir como las niñas adolescentes, la edad que dice su acta de nacimiento debe transferirse a tu mente, pórtala con gallardía, con un corazón agradecido, porque hasta aquí te ayudó Jehová, cada año cumplido es tu Ebenezer, asúmelo y disfrútalo.

Es una pena ver mujeres que pasan de los "ta´s y pico" y ni visten, ni hablan, ni se comportan conforme a su edad, solo hacen el ridículo. Tú eres bella, eres preciosa, porque Dios te creo así, exhibe tu belleza con fineza, con clase y así te tratarán, te llamarán bienaventurada... significa que hasta el nombre se te cambia, ahora te vas a llamar bendición. No te ha pasado que has escuchado a otros decir: ¡Wao! ¡Esa mujer es una bendición! Eso es lo que estas llamada a ser.

A partir de hoy cancela de tu vida todo sentimiento de inferioridad y de amargura por los años que tienes. Y empieza a cancelar de la boca de aquellos que profieren maldición en contra tuya, si eres soltera, eso no es lo que

te identifica, Cuando alguien con malicia te diga: Pero muchacha ¿y cuándo es que te vas a casar? Respóndele: Cuando mi Padre diga.
Si te dicen: Bueeeno, pero es que tú eres jamona.
Responde: No señor ¡Yo soy bendecida!

*Declara lo que la Palabra de Dios te dice, el rey David dijo: **"En sus manos están mis tiempos".** A Dios no se le olvidó, Él sabe lo que necesitas, Él es tu Padre y va a proveerlo. Entra en paz en el nombre de Jesús. Vive tu vida con un significado, aprovecha tu tiempo sea que estés soltera o no, dedícaselo a Él, sírvele a Él sin ninguna restricción, Él es tu amado, Él es tu marido ¡Él está en control!*

Hay un ministerio dentro de ti, hay algo bueno que aportar que mucha gente está necesitando, el enfoque en lo que no tenemos nos hace tomar decisiones desacertadas, involucrarnos en relaciones inapropiadas o toxicas.

Si pasas de los 30ta supérelo y agradece al Señor que has llegado hasta esa edad, y a menos que quieras que Él te lleve de este mundo, mejor pide más años de vida.

Es tiempo de ponerte en las filas, ármate para la batalla y dile al Señor ¿Qué es lo que tengo que dar en esta etapa de mi vida? ¿A quién voy a bendecir?

Despójate en el nombre de Jesús de ese espíritu egoísta, hay una palabra, hay una oración, hay un consejo, hay alguien a quien ayudar, a quien salvar ¡despierta! En el nombre de Jesús y acciona para el bien, que los años que te restan en la tierra puedas dejar una huella en alguien, ayudes a cambiar a alguien. ¡Despierta! En el nombre de Jesús, esos sueños dormidos, esa carrera sin terminar, ese curso sin iniciar. ¡Vamos, vamos, vamos! ¡Levántate y Resplandece! ¡Hoy llega tu luz!

"Engañosa es la gracia, y vana la hermosura; La mujer que teme a Jehová, ésa será alabada. Dadle del fruto de sus manos, Y alábenla en las puertas sus hechos"
Proverbios 31:30-31

El mundo
Por Eduardo Galeano

Un hombre del pueblo de Neguá, en la costa de Colombia, pudo subir al alto cielo. A la vuelta, contó: -Dijo que había contemplado, desde allá arriba, la vida humana. Y dijo que somos un mar de fueguitos. El mundo es eso -reveló- Un montón de gente, un mar de fueguitos. Cada persona brilla con luz propia entre todas las demás.

No hay dos fuegos iguales. Hay fuegos grandes y fuegos chicos y fuegos de todos los colores. Hay gente de fuego sereno, que ni se entera del viento, y gente de fuego loco, que llena el aire de chispas. Algunos fuegos, fuegos bobos, no alumbran ni queman; pero otros arden la vida con tantas ganas que no se puede mirarlos sin parpadear, y quien se acerca, se enciende.

154

Capítulo 12

Con Arrugas y Maravillosas

**"Delante de las canas te levantarás, y
honrarás el rostro del anciano,
y de tu Dios tendrás temor. Yo Jehová".**
Levítico 19:32

**"Corona de honra son las canas, Cuando
el anciano anda por el camino de
justicia"**
Proverbios 16:31

Probablemente el tinte no permite que se vea tu corona. Estás en la mejor parte del tramo de tu vida, eres demasiado valiosa e importante, no dejes pasar esta temporada, estás en tu mejor temporada, tienes una segunda soltería, eres dueña de tu tiempo, los errores que cometiste al criar o errores de conducta en el pasado lo puedes subsanar, puedes restaurar relaciones rotas.

Los años te dan una ventaja frente a los que te rodean, lo que no aprendiste por libros, lo aprendiste por experiencia, por eso es que tu consejo es valioso y necesario, no te lo calles, deja de esconderte, sal de detrás de la puerta, no seas como Sarah, que se escondió cuando se le daba la promesa (Gn. 18:9-15), hay hijos que Dios quiere darte ahora, este es tu tiempo de risa y de contentamiento.

Es difícil vivir en contentamiento cuando el corazón está lleno de amargura, por si no la soltaste en los capítulos anteriores, no creas que te vas a escapar ¡suelta eso ahora!

Una de las cosas que te hacen sentir al menos y que ya no eres relevante o importante es que tienes puesta tu vista y tus expectativas en los demás. La Biblia dice que debemos tener puestos los ojos en Jesús (Hebreos 12:1-2). La gente que nos rodea no fueron creadas para cumplir nuestras expectativas o caprichos, ni si quiera los hijos que criamos o los nietos.

Cuando entendemos que estamos completas en Jesús, que Él es nuestra satisfacción, caminamos ligeras, no hay peso que nos asedie, porque estamos en contentamiento y aprendemos que la gente que nos rodea son regalos de Dios a nuestras vidas para compartir con ellos el contentamiento que Dios nos ha dado.

Usted no crió hijos para que le hagan feliz, y sus hijos no tuvieron hijos para que le hagan feliz. Tienes que poner tu vista en Aquel que te creó y te diseñó con un propósito y te tiene viva porque aún cuenta contigo.

Un ejemplo de vida

Me encanta la determinación de vida y de propósito de David, él le dijo al Señor: **Porque en la muerte no hay memoria de ti; En el Seol, ¿quién te alabará? (Salmos 6:5).** *¡Wao! Eso es lo que se llama alguien con un pensamiento bien definido acerca de sí mismo y de lo importante que es su vida aquí en la tierra.*

El Señor me ha bendecido con una madre ejemplar, ella ha entendido que mientras haya aliento de vida hay trabajo que hacer, Dios la ha levantado en sus "ta´s y pico" recibiendo el llamado al pastorado y ahora está levantando una congregación en una comunidad de Higüey, provincia ubicada en la región Este de mi país. A pesar de sus achaques o de la artritis, ha entendido que aún hay fuerzas, aún hay vida, todavía Dios es Dios y Él se hace fuerte en la debilidad, ¡Gloria a Dios! Me siento más que orgullosa de ella, porque además de ser mi madre, ella ha decidido ser madre para otros que tanto necesitan un consejo, una palabra de aliento, una oración, una enseñanza, es un honor compartirla con otras vidas que ahora le llaman "Pastora Abi".

Hay un gran número de personas con muchos talentos desperdiciados, sentados en una silla, solos, con un espíritu de abandono que ha plagado su vida, sin un norte ni propósito, y para colmo, la muerte como que les juega una broma y no llega.

Probablemente, lees este capítulo y no estás en esta edad de la que estoy hablando, pero en el nombre de Jesús mi anhelo es que sí llegues, toma la decisión ahora de que esa etapa de tu vida se vuelva tu mejor temporada. Pero, si por el contrario, estás en esta edad ¡te felicito! Porque aun ves y puedes leer ¡Gloria a Dios!

Determínate a vivir tu mejor temporada, dile al Señor: Y ahora ¿cómo quieres que te sirva? ¿Cuál es el legado que voy a dejar? Tu familia te necesita, tu barrio te necesita, la iglesia te necesita...con tu oración, tu colaboración, tu sonrisa, tu consejo, eres bendecida para bendecir. No seas egoísta, no te lleves todo lo que está en ti a la tumba, a nadie le va a beneficiar.

Así que ahora, en el nombre de Jesús, hablo a todo pensamiento de inferioridad e inutilidad, que te hace creer que tu vida ya no es productiva ni importante, que solo necesitas que te atiendan o te presten atención, y piensas que lo que te resta es esperar la muerte, como quiera va a llegar, así que más vale que te encuentre haciendo algo productivo.

Es tiempo de hacer planes ¿cuáles son los dones, las habilidades que tienes para bendecir a alguien a través de ellos? Probablemente puedas donar una hora a la semana a una escuela para leer cuentos a los niños y a través de ellos darles una enseñanza, un consejo, la palabra de Dios.

Exhibe tu corona te la has ganado aquí en la tierra, tantas mujeres gastan gran cantidad dinero para descolorarse el pelo ¡y tú lo tienes de manera natural!¡No te ha costado ni un centavo! Esa corona te la dio el tiempo y te ha dotado de hermosura y de sabiduría.

Mientras nos quede aliento de vida algo hay que hacer, algo hay que dar.

Te dejo con mi oración favorita:

¡Señor, dame para dar!

Una mujer trascendental

*Te presento a **Jessie Sutton,** una hermosa mujer que conocí en el año 2014, vive en Pineville, una ciudad de Lousiana, en Estados Unidos, quiero transcribir su testimonio, tal cual ella me lo expresó:*

Muchos años atrás, aproximadamente 25, dos de mis mejores amigas perdieron a sus esposos, solo con 6 meses de diferencia entre uno y otro. Ellas estaban tan tristes y atribuladas que incluso pensaban que querían morir. Ellas pensaban que no había nada por lo cual seguir viviendo. Oré al Señor para que me diera la forma en que podría ayudarlas. Mientras oraba al respecto pensé que probablemente más personas estarían en la misma condición que mis amigas, sintiéndose solas y sin sentido en la vida, por lo tanto, necesitarían un lugar donde socializar, hacer algunas actividades y tener un buen almuerzo. Hablé con mi esposo al respecto y él me dijo que me apoyaría en todo aquello que necesitara hacer.

Veinticinco años más tarde, lo que inició como una forma de ayudar a mis amigas, se ha convertido en un ministerio sólido llamado "Centro de Recursos para Adultos Mayores" (Senior Resource Center) donde se reúnen cada semana alrededor de 60 y hasta 70 hombres y mujeres adultos mayores, a los cuales les cocino junto a otros tres voluntarios. Hacemos diferentes actividades, algunos juegan dominós, otros juegan cartas (barajas), un grupo de mujeres cosen colchas, otros simplemente disfrutan conversando y haciendo amistades. Compartimos no sólo un delicioso almuerzo sino la palabra de Dios.

Como nota personal te cuento que mi esposo, mi único hijo y mi única hija fallecieron. Este ministerio es uno de los factores que me impulsan a seguir adelante, sé que mi esposo no querría que me rindiera. Estoy agradecida por tener salud y la fuerza para continuar. No sabes cuánto me bendice cuando esas personas me dicen que este es su único tiempo social y no quieren perdérselo ni una sola semana.

Tengo 88 años de edad y no tengo ninguna intención de renunciar, voy a continuar hasta que Dios me continúe dando la salud y las fuerzas para hacerlo.

Capítulo 13

De Dalila a chapiadora

Mi país, República Dominicana, es muy especial, tiene unas maneras muy jocosas de llamarle a las cosas o a las personas y una de ellas es referirse a las muchachas y mujeres que han decidido vivir un estilo de vida "liberal", sin amarras (según ellas), en un tiempo se les llamaba "aviones", ahora se les llama "chapiadoras", y en realidad, más que un cambio de nombre ha sido una "evolución".

Las "aviones" eran chicas de los barrios muy enamoradizas, salían de una relación para entrar en otra, y al pasar el tiempo, muchos chicos del barrio habían sido sus novios.

Sin embargo, el concepto de chapiadora abarca todo un sistema que según el escritor José Luis Taveras puede definirse de la siguiente manera:

"La cultura urbana dominicana ha prohijado un nuevo estereotipo: la chapiadora. Se trata de una mujer frívola, libertina y vanidosa que sustenta sus ostentaciones con "favores" íntimos y socialmente discretos. Su armadura de conquista es portentosa: un cuerpo voluptuoso de piel sedosa, senos derrochados, muslos fornidos y glúteos macizos. No es la mujer ideal para templar el momento con pláticas literarias, es la carnalmente deseable para recibir la noche ataviada de fantasía".

Según el diccionario Libre:

Dícese de la mujer que se dedica a quitarle el dinero a los hombres a cambio de sus favores sexuales.

Es una mujer que su única ambición es obtener dinero y lo que pueda adquirir con este ofreciendo su cuerpo.

- *Prostituta.*
- *Prostituta versión 2014.*
- *Sucesora de la chica beeper.*
- *Sucesora de las megadivas. Presentadora de tv quien también ejerce como prostituta de clase.*
- *Meretriz high class.*
- *Mujer que te pela lo bolsillo, te deja en cero.*

Como podemos ver nada halagüeño sale de esta expresión. Podemos resumir en base a las definiciones dadas lo siguiente:

- *Todo contacto íntimo con alguna persona para lograr un objetivo es prostitución.*

• Toda proyección de sensualidad y sexualidad para lograr un beneficio es prostitución.

• El chapeo es una nueva forma de buscar "patrocinio".

Nada nuevo debajo del sol

No importa el nombre que se le ponga a este tipo de comportamiento "chapiador", es el mismo espíritu que operaba en Dalila. Encontramos la corta historia de esta mujer en el libro de Jueces capítulo 16.

La Dalila moderna es una muchacha que en la vida, a puros golpes, aprendió el arte de la manipulación. Entiende que para ganarse una posición en la sociedad tiene que usar su cuerpo y encantos y se ha vuelto una experta en ello. El problema es que tarde o temprano se enfrentará con el sabor amargo que le dejará su conducta, ya que, en el fondo, anhela a alguien que la respete, ame y admire por quien es, aunque ni ella misma lo sepa.

En el fondo anhela una mano que acaricie su rostro y no únicamente sus partes íntimas por unos segundos, como quien cumple un requisito para lograr su satisfacción. Anhela los paseos y las largas conversaciones, sólo que todas sus relaciones han estado plagadas del deseo y la lujuria de un momento.

Dalila entiende que "ya no hay remedio", y aunque asegura que no le importa lo que diga o piense la gente, en realidad, para ella, sus opiniones respecto a su conducta son como dagas en su pecho.

Dalila recurre a ropas exhibicionistas porque anhela ser vista, anhela atención, anhela sentirse deseada o admirada. La gente ve su belleza o hermosura física, pero nadie ve su dolor.

Ella está cargando con soledad. Está cargando con un espíritu promiscuo que uno o varios hombres depositaron en ella. Está cargando con el rechazo de aquellos que debieron estar para ella, cuidarla y protegerla. Ahora se ha hecho fuerte, su corazón se ha endurecido, ya *no distingue el bien del mal y de la niña con corazón de princesa ya no se acuerda. Busca el respeto de la gente a base de intimidación y de caerles mal a propósito, sin embargo, solo pierde, sin decoro, el respeto por sí misma.*

Dalila se ha topado en la vida con gente como Sansón.

Muy puritanos, con ministerio y unción, tal vez hombres con saco y corbata, muy respetables en una comunidad, probablemente con buena posición social o con algún puesto en un gobierno, con una familia envidiable... pero llenos de pasiones desordenadas, que se acercaron a ella para dejar un lastre de decepción.

Algunos con palabras engañosas tomaron de ella su pureza, su respeto, hundiéndola en el dolor, colocando una marca que la distingue como alguien que se busca para ser utilizada.

Ella se llenó de dolor y dijo: "¿Qué más da? ¡Que caiga quien caiga!"

Y se dijo a sí misma "soy dueña de mi cuerpo y hago con él lo que quiero. Voy a llevarme por delante a quien sea y todo lo que me proponga lo voy a lograr a costa de lo que sea". Y no ha tenido ningún respeto por otra mujer que tenga esposo e hijos, afirmando que "nada se interpone en mi camino", todo por la satisfacción de sentirse superior. Una alegría efímera, un pasatiempo más, que no llenará su alma y sólo añadirá más soledad.

Eres más que una etiqueta social

No importa los años que pasen ni el nombre que se le ponga, el mismo espíritu de prostitución y de promiscuidad que opera en Dalila es el que te hace creer que los hombres sirven exclusivamente para hacer "favores", para obtener de ellos lo que se te antoje y luego dejarlos, sin embargo, la usada eres tú.

Te hace creer que eres fuerte, que eres dominadora, pero en realidad ese "alguien" al que dices utilizar no se atreve a mostrarte a la luz del día, ni a darte el título de su Señora o Esposa, lo que te convierte en una mujer utilizada y dominada.

Dalila fue alguna vez una niña, creada, formada con todas las cualidades y características que la harían única y especial, tenía sueños y anhelos que distaban de lo que ahora está viviendo.

Uno de los poderes asombrosos que tiene Dios es su capacidad de "resetearnos", de volvernos al punto de origen. Él conoce el número de cuantos se han allegado a ti, ha visto todas tus lágrimas, conoce tu decepción, pagó por ellas, por cada una de ellas, no te juzga, solo te dice "es tiempo de cambiar, y ser y hacer todo lo que diseñé para ti".

Él cambia tu identidad, te pone nombre nuevo: ¡Mía eres tú! **(Isaías 43:1)** Un Cambio de nombre, es un cambio de identidad.

Aquello que fue, ya es; y lo que ha de ser, fue ya; y Dios restaura lo que pasó.
Eclesiastés 3:15

Realeza

Te vi. Como una niña pequeña te ponías ese hermoso vestido y decías: "Mami, papi, mírenme. Miren a la bella princesa que soy". Te vestiste bien para el papel porque he dicho que eres una Reina. Eres de la realeza.

Recuerdo que miraba tu rostro y el haberlo lavado con mis lágrimas, porque vi que dejaste de creer que eras mi princesa. Y mi corazón se rompió y mis lágrimas corrían y se deslizaban como un río.

Y ahora te digo: "estoy tomando y reuniendo todas las piezas de tu corazón, que ha sido dispersado, y estoy haciéndolo nuevo". Y tu rostro se refleja en el espejo que yo he puesto delante de ti. Cuando te veo, veo a la reina que yo he creado. Por lo tanto, ¿qué vas a decretar?

Este es el día de tu coronación. Este día eres coronada y un cetro se coloca en tu mano. Porque tú res digna, y te presentare a las naciones, desplegare mi alfombra roja y caminaras a través de ella   Porque fuiste creada para ser una Reina.   Fuiste creada para ser vista... Y yo te veo, Yo te escucho, aun cuando susurras...

Canción Royalty (Traducción)
Alberto y Kimberly Rivera

Capítulo 14

Amor ¡Ven!

"Ahora cantaré por mi amado el cantar de mi amado a su viña".

Isaías 5:1ª

El título de este capítulo es muy especial para mí. El Señor me ha guiado para incluirlo, la verdad no estaba en mis planes escribir al respecto, pero en los de Él sí.

Apenas he podido condensar en este apartado una pequeña parte de que lo que representa un tramo muy especial de mi vida.

*Desde el año 2009 el Señor llenó nuestra casa con la alegría de la expectativa de un nuevo miembro de la familia. Justo a los cuatro meses de mi embarazo salió a la luz la producción musical **"De Oruga a Mariposa"**, así que estaba en medio de mi embarazo, y en el apogeo de las visitas a diferentes iglesias y ministerios para promover el CD, unido al trabajo en la iglesia Acción Misionera de La Romana la cual mi esposo y yo pastoreamos.*

Todo marchaba bien, se esperaba un parto normal, y sin previo aviso, se presentan las contracciones, así que el niño nació prematuro. El bebe permaneció 9 días en cuidados intensivos, con un cuadro nada alentador. Dios se movió con su amor y gracia, todos nuestros amigos pastores e iglesias nacionales e internacionales se movieron en clamor por su vida. Fue un tiempo de mucho estrés, no te lo voy a negar, de tener el alma en vilo y a la vez orar y adorar al Rey, pero vimos su mano. Dios tuvo misericordia y el niño sobrepasó esa crisis, por lo que estamos más que agradecidos del Señor.

Como todo niño su crecimiento fue normal, salió de la clínica, y nunca más tuvo ningún problema respiratorio, Dios hizo una obra completa. Sin embargo, a los 18 meses empezó a mostrar unos cambios, para los cuales, no estaba preparada: las palabras que sabía decir, las expresaba entrecortadas, se volvió huraño, no quería que lo tocaran, lloraba por largos períodos, era difícil discernir cuál era la causa de su llanto, cada vez procuraba estar solo, pero en manera especial, no quería que lo tocara, no me dejaba cargarlo, besarlo, ni hablarle siquiera, esto fue muy extraño.

Los siguientes 2 años estuvimos haciendo pruebas, tratando de buscar respuestas, se puso en una condición que no hablaba, y si lo hacía, era una silaba de la palabra o en una jerga que era muy difícil comprender.

Mientras tanto, en la casa la única forma en que podía acercarme a él era cuando en las noches finalmente caía rendido y se dormía, entonces, iba con aceite hasta su cama y tocaba su cabeza y oraba, le preguntaba al Señor:

¿cómo puedo conectarme emocionalmente con mi hijo? No entendía su rechazo, por lo menos con Beni, mi esposo, tenía contacto, se dejaba tocar y hacer todo de él, para el resto de la gente, incluyéndome a mí, era muy difícil acceder a su contacto fuera físico, visual o a su mundo.

El Señor nos ha premiado con una congregación de hermanos muy amorosos y comprensivos, cuando en ocasiones él tenía ciertos episodios de ira o llanto, no lo etiquetaron, nunca dejaron de tratar de acercarse a él y mostrarle amor, y siempre, en medio del culto, podía ver una que otra mano levantándose en dirección a él para orar por su vida.

*El Señor, una de las noches que entraba a la habitación del niño, me recordó un verso de la Biblia que dice: ... **(Él) llama las cosas que no son, como si fuesen (Romanos 4:17)**. Así que dije "Señor él no me ama, no me quiere cerca de él, voy a empezar a llamarlo **Amor**". Y así lo hice, ya no lo llamaba por su nombre (Dorian Michel) sino que todo el tiempo le* decía **Amor**, le pasaba por el lado a propósito y le decía ¡Te amo mucho amor! dame un abrazo y un beso, pero él me ignoraba, no me miraba, era como si yo no existiera. En las noches oraba y lo ungía con aceite y en el día lo ungía con esas palabras: **Amor**, ¡te amo mucho amor!

Cuando el niño tenía 3 años y medio enfermó de un virus y también su hermano, así que los tuve a ambos internos en la clínica. Joshua se recuperó primero y Dorian debió quedarse más tiempo. Él estaba en su cama, yo en el mueble de visitas haciéndolo todo de lejos. En medio de la noche, él se sentó en la cama y levanto sus brazos, con todo y suero puesto y me dijo: **¡Amor ven!**

Yo sentí que mi corazón voló hacia él primero que mis piernas, me levanté corriendo de ese mueble y lo abracé, lo abracé tan fuerte y por tanto tiempo, por primera vez en dos años podía hacer esto y él quería. Me acosté a su lado, lo toqué por todas partes, le canté, le hablé y oré, Fue como tratar de recuperar dos años de silencio y lejanía, no pude dormir, solo

seguía besándolo y abrazándolo, ese día algo
se rompió. A partir de ahí el me llama Amor
¡nunca me ha llamado mami! ¡Gloria a Dios!

Una noche de esas que iba a su habitación a
ungirlo, tuve una conversación muy particular
en el Señor, Él me preguntó:

-        Dime ¿porqué insistes?
Debo reconocer que me sentí turbada con esa
pregunta, Dios sabe hacer preguntas que te
mueven el piso.

-        Le dije casi llorando: ¡Señor! Él es mío,
él salió de mí, aunque no comprenda lo que
sucede y no sé cuánto tiempo él estará así, yo
lo amo, y él es mío, ¡mi hijo!

-        Entonces, vino la suave voz y amorosa
de mí Dios diciéndome:"así es, y así me pasa a
mí, todos los hombres y mujeres que he creado
son míos, por eso insisto con ellos, Yo les amo".
Esto puso mi vocación y mi llamado en otra
perspectiva, así como insisto con mi hijo, debo
insistir por aquellos que el Padre creó.

En la Biblia hay una historia muy particular. Es la de un hijo que se aleja de su padre, y luego se ve en medio del lodo, sucio, en soledad. Dice la Biblia que él volvió en sí y dijo: "Me levantaré e iré a mi padre". Volver en sí significa que calló en cuenta y reconoció que ese no era su lugar. Hoy te digo que donde estás en este momento no es tu lugar, no fue lo que Dios diseñó y preparó para ti, hoy el Padre te está diciendo: **¡Amor Ven!**

Un nuevo comienzo

Lo que hoy vivo con mi hijo es maravilloso, de repente él viene al escritorio y me dice: ¡Amor te amo mucho, dame un abrazo y un beso!
Me sonrío, lo abrazo y lo beso y recuerdo que todo lo que estoy recibiendo de él, era exactamente lo que hacía aunque me ignoraba.

Aún está recibiendo terapia para el habla, pero es más social, es un niño libre y amoroso, ora por las personas, dice que quiere aprender a tocar el piano para tocar en la iglesia en el ministerio de alabanza, su padre le está enseñando. ¡Dios es bueno!

Así te ama el Padre, no importa cuánto le hayas rechazado, saliste de Él eres suya. Él es tan real como el viento, tan cercano como tus pensamientos.

Te digo algo: -Es tiempo de que le respondas al Padre. Han sido muchas las formas en las que Él te ha manifestado su Amor, una de ellas es este libro y este testimonio, hoy dile a mi Amado: **¡Amor ven!**

Te invito a que te tomes un momento ahí donde estás y le digas al Padre:
Señor reconozco que he estado lejos, puedo mirar en el trayecto de mi vida las diferentes formas en las que me has demostrado tu amor, tu cuidado y protección, este es mi tiempo, ya no corro más, me dejo atrapar, me dejo inundar de tu amor y tu perdón, yo lo necesito, recibo la salvación que me proporciona la sangre de Jesucristo.

Padre, necesito que mi vida sea dirigida por tus caminos y no por los míos, ayúdame Padre a mantener una relación de amor firme contigo, inscribe mi nombre en el libro de la vida, séllame para ti con tu Espíritu Santo, no me sueltes, no me dejes ir, hago un compromiso de vivir un día a la vez contigo.

En el nombre del Padre, del Hijo y Espíritu Santo.

¡Amén!

Mi amado es mío y yo soy suya...
Cantares 2:16

Capítulo 15

Tiempo de coser
(4ª Etapa)

Mucha gente se hace una idea equivocada sobre la verdadera felicidad. No se consigue satisfaciendo los propios deseos, sino siendo fieles a un propósito digno.

- Helen Keller

Al inicio de este libro vimos que la mariposa debe pasar por cuatro etapas o fases para desarrollar su proceso de metamorfosis o transformación. De estas fases solo vimos tres, ahora veremos la última de ellas.

4ª. **Etapa: Adulto.** *Cuando nacen tienen alas pequeñas y húmedas, pero en pocos minutos las extienden. La mariposa es el adulto y su única misión es la reproducción. Después de encontrar pareja y aparearse, la hembra pondrá los huevos que darán lugar a la próxima generación.*

Debido a su fragilidad, las mariposas son indicadores de la salud del medio ambiente y su presencia en un habitad determinado revela la ausencia de contaminación y una buena conservación de la biodiversidad.

Ellas son unos de los primeros seres vivos que desaparecen cuando se deteriora un ecosistema. Son importantes agentes polinizadores ya que al alimentarse de las flores llevan el polen de unas a otras contribuyendo a la formación de frutos y semillas, y con ello, a la reproducción de las plantas.

Este es tu tiempo

Tiempo para expandir las alas. Para la mariposa lograr el propósito de ser un agente polinizador y dar lugar a la próxima generación debe unirse a otra mariposa, porque a fin de cuentas no existe para operar en soledad, aunque en su proceso debió estar ahí.

La soledad nos forma el carácter para apreciar mejor a aquellos que Dios ha puesto a nuestro alrededor, cuando hemos renunciado a la arrogancia de decir que no necesitamos a nadie y que todo lo que tenemos o hemos hecho lo hemos obtenido por nosotros mismos, entonces somos conectados con aquellos que nos van a elevar a la cúspide de nuestra existencia o llamado.

Cada mariposa, para existir, necesitó que otras dos pasaran por el proceso que ella está pasando.

Lo que somos es el producto de quienes nos han formado. Decídete a desarrollar un carácter humilde, rodéate de gente mejores que tú, busca mentores, déjate enseñar, reconoce las virtudes que tienen aún aquellos que no toleras o de los cuales conoces sus debilidades, Si únicamente miras las debilidades te estás perdiendo de grandes oportunidades para crecer y desarrollar todo tu potencial.

Reconoce que el hecho de que no tengas ese defecto o debilidad que observas en alguien, no significa que tú no tienes ninguno.

No puedo dejar de sonreír cada vez que veo una mariposa posarse de flor en flor o a cualquier otro insecto, pienso "se está llevando algo y está dejando algo", de esos pocos instantes surge algo que va a sustentar a alguien. ¿¡No es maravilloso!?

Ahora piensa en tu vida ¿cuánta gente pasa contigo unos instantes, y otros, más que unos instantes?¿Qué les queda después de haberse tocado contigo? ¿Son fecundados? ¿Quedan con un deseo de dar algo mejor de sí mismos? La naturaleza no es para nada egoísta, siempre está dando, nunca se queja. Por alguna razón lo que debe ser algo natural como parte de la creación, dar, trabajar, esforzamos por otros, el pecado lo volvió una acción amarga.

¿Y si los árboles se quejaran o las vacas hicieran huelga? ...

Tras la huella del Creador

Entonces Jehová Dios formó al hombre del polvo de la tierra, y sopló en su nariz aliento de vida, y fue el hombre un ser viviente
(Génesis 2:7).

Todo lo que es creado por alguien, mantiene una huella distintiva de aquel que lo ha creado. La obra no designa el propósito para el cual fue creada, sino el creador.

La transformación no es más que manifestar la esencia de Aquel que nos ha creado, somos el sello distintivo de Su Persona a través de Jesucristo.

No importa donde estés, el apellido que tengas, posición social, económica, o lo que estés emprendiendo en este momento. Tú y yo tenemos que enfrentarnos a una realidad: ¿Esto es todo? ¿Lo que hago o lo que tengo es lo que me define? Y cuando terminen mis días en esta tierra ¿qué es lo que quedará? ¿Cuál es el sentido de tanto trabajo?

A menos que reconozcamos que hemos sido creados para cumplir un objetivo mayor que solo existir, que hay un propósito superior a solo alcanzar una meta, nuestra vida seguirá andando en círculos viciosos, nuestro corazón seguirá llenándose de pesar y nuestra existencia sólo será un lastimero lastre en el devenir del tiempo.

Martin Luther King señaló:
Todo el mundo puede ser grande... porque cualquiera puede servir. Para eso no necesitas tener un título universitario. No necesitas

hacer que sujeto y verbo concuerden. Lo único que necesitas es un corazón pleno de gracia, un alma nacida del amor.

La Mujer Transformada que veo

(Basado en Proverbios 31)

Una mujer que comprende que su existencia es muy importante, que has sido diseñada para trascender, para marcar generaciones, levantar reyes y reinas, hijos e hijas que van a influenciar su entorno a través de los principios de la palabra de Dios que hayan recibido de ti.

Camina en el conocimiento de Cristo, de una forma tal, que recibes del Señor el empoderamiento de quien eres, lo importante que eres, lo poderosa que eres, que veas tu existencia como un legado invaluable en este tramo de la eternidad, que todo lo que haces tiene un carácter eterno, que cada palabra de tu boca es vida si te dispones a que sea vida, tu trasciendes...

Que abrazas y besas cada día a tus hijos, a tus padres y a todo aquel o aquella que es importante para ti.

Que eres más expresiva, que no sigue permitiendo que el pasado castre tus emociones y la libertad de dar amor, que no sigas permitiendo que lo que otros hicieron o no hicieron en el área emocional sigan dictando cómo deben ser tus relaciones presentes y futuras, entiéndelo, eres nueva criatura, las cosas viejas pasaron, lo que pasó, pasó... Tus manos fueron creadas para sostener, para tocar, acariciar, tu toque es sanador porque El Sanador, El Consolador está contigo, dentro de ti y sobre ti, por eso, a partir de ahora, abraza más, besa más, acaricia más. No solo sientas el amor, dilo más, no importa si te parece que no lo merecen, simplemente, aprende a darte y a dar.

Mira a tu alrededor, cuantas bendiciones has recibido, pregúntate ahora a ¿quiénes estas *bendiciendo? Puede ser que haya un niño a quien ayudes a estudiar, una mujer a quien ayudes a capacitarse, una joven a quien saques de una vida de perdición, una familia a quienes les proveas alimento, el circulo debe seguir, no detengas la rueda, se te ha dado para dar. Tienes al Señor, hay personas que no lo tienen, posees una familia -, hay familias que se están destruyendo. Todo lo que tienes y lo que eres tiene un propósito, ayuda a alguien con eso y con quien eres.*

Eres una mujer sin amarras ni complejos, que puedas estar tan vacía de ti misma, de lo humano y de lo que dicte tu entorno, que Dios sea tu verdadero contentamiento, que su propósito, su voluntad se vuelva lo preeminente.

El vivir es Cristo, el morir ganancia. Es un estado de paz y satisfacción tan plena que no hay nada ni nadie en este mundo que se le pueda comparar ni lo puede superar.

Ya no hace falta lo vanal, ya no hay expectativas que nadie puede llenar, porque no se necesitan llenar, todo ha sido llenado con Él.

Fuiste diseñada para superar cualquier obstáculo, puedes hacerlo, porque Él aumenta tus fuerzas como las del búfalo. Una mujer virtuosa es fuerte, no se amilana por las situaciones adversas, ha renunciado y derrotado de su vida ese espíritu de víctima, los corazones de aquellos que le rodean confían en ella porque no tiene doblez, habla de frente, no importa si lo que dirá caerá bien o mal, siempre y cuando esté segura de que es lo correcto y es lo que honra al Señor.

Una mujer que comprende que todo es transitorio, tanto lo bueno como lo malo, es transitorio, lo que permanece es el carácter de Cristo que se está formando en cada etapa, con cada proceso.

Una mujer que trabaja más, es experta en todo lo que emprende, que todo lo que emprende tiene tu sello distintivo de belleza y la excelencia sea tu carta de presentación, no importa si otros lo valoran o no merezcan tanto esfuerzo.

No permitas que el miedo te paralice, emprende en aquellas áreas que por mucho tiempo soñaste con desarrollar, no le temas a la edad, es solo un número, no te puede hacer nada, mientras haya aliento de vida se puede volver a empezar.

Eres proveedora, no te conformes con menos, te sorprenderá ver cuántas cosas puedes lograr a la vez. Todavía hay muchos frutos dentro de ti por manifestarse, recuerda que eres árbol fructífero, el árbol no fue diseñado para que se comiese los frutos, existe para el bien de otros.

Eres como el Salmo 1: "Prospera"

El asunto con la prosperidad es que muchos piensan que solo es tener dinero, se es próspero, cuando bebes del río del Espíritu Santo y tu existencia sirve de medicina, cuidado y sustento para otros, así que mira a tu alrededor ¿Hay gente bajo tu sombra? ¿Hay gente comiendo de ti o por causa de ti? Entonces regocíjate en el Señor, eres fructífera, eres próspera y todo lo que hagas prosperará.

Una mujer que se cuida más, que se importantiza más, así como das y te das a los demás, también des y te des más a ti misma, libérate del sentimiento de culpa. Cuida tu cuerpo, tu aspecto, hagamos esto juntas, libérate de la vanidad, pero aprende a mimarte, vas a estar capacitada y cualificada para cuidar a otros cuando hagas eso por ti misma.

Una mujer que la ternura destila de sus labios, que la gracia del Señor le envuelve, tus palabras son medicina a todo el que te rodea.

Engañosa es la gracia, y vana la hermosura; La mujer que teme a Jehová, ésa será alabada. Dadle del fruto de sus manos, Y alábenla en las puertas sus hechos.

Metamorfosis

Y decidí quitarme la crisálida del dolor;
cerrar los ojos ante la búsqueda de aprobación.
Mirar hacia adentro ver quien soy;
un caudal de emociones, donde fluye un
torrente poderoso e inigualable,
que no cabe en un molde, soy poeta y ruiseñor,
soñadora y apasionada.
No les gusto a todos, y está bien, es difícil
manejar y comprender todo lo que llevo dentro.

Y decidí no permitir que nadie me amilane solo
porque no puede concebir quien soy;
no permitir que me igualen o me comparen,
solo con mi Creador.

Y decidí que tengo mucho para dar, que soy
bendición; que donde quiera que pase, algo
tiene que cambiar por el simple hecho de que
pasé yo -.

Soy como un río que trae sanidad, soy regadío en plantío, en tierra seca y en soledad, ¿porqué? Porque soy Su Imagen, la proyección de su hermosura, la manifestación de su gracia y amor incondicional, soy perdón, soy amor, porque soy suya, Él es mío, y en Él completa estoy...

Entonces nacieron mis alas y empecé a volar... Alzo el vuelo para levantar la siguiente generación, no se puede ser tanto, tan excelente y especial y no darse a los demás, de que serviría ser Su Imagen, si no es para volverse un sello y plasmarlo en los demás.

Yira de los Santos

Conclusión

Te bendigo hermosa mariposa vuela sin cargas, sé libre en tus emociones, en tu mente y tu proceder. Decídete a vivir como ¡Mujer Transformada!

La Bendición Sacerdotal

**Jehová te bendiga, y te guarde;
Jehová haga resplandecer su rostro
sobre ti,
y tenga de ti misericordia;
Jehová alce sobre ti su rostro, y ponga
en ti paz.**

Números 6:24-26.

Estamos para servirte:

*Si necesitas hacer alguno de estos procesos
bajo el acompañamiento de una persona
o necesitas oración, bendícenos con tu
testimonio, puedes contactarnos en:
yiradelossantos@yahoo.com*

*Facebook: Siempre Café by Yira
             Yira de los Santos*

Fuentes Bibliográficas

•   *Biblia Reina Valera 1960*

•   *Vine Diccionario expositivode palabras del antiguo y del nuevo testamento Exhaustivow.E. Vine , caribeeditorial caribe, inc. Una división de Thomas Nelson, Inc. © 1999 Editorial Caribe*

Recursos Web:

¿Transformándonos en qué?
•   *https://es.wikipedia.org/wiki/ Transformaci%C3%B3n*
•   *http://www.metanoiaconsultoria.com. mx/quees.html*
•   *http://definicion.de/ transformacion/#ixzz3j5TafbGm*
•   *http://es.thefreedictionary.com/ metamorfosis*

Identidad

•	*http://pendientedemigracion.ucm.es/ info/nomadas/11/jauregui_mendez.pdf*

•	*https://es.wikipedia.org/wiki/ Metanoia*

Tiempo de romper

•	*http://metamorfomariposas.blogspot. com/*

•	*http://es.thefreedictionary.com/ suplantador*

•	*http://www.mercaba.org/Rialp/H/ hebreos_i_historia_biblica.htm*

•	*http://www.wikicristiano.org/ diccionario-biblico/significado/israel/*

El propósito del dolor

•	*http://www.planetacurioso. com/2006/12/21/como-se-forman-la-perlas/*

•	*http://www.anecdonet. com/2006/05/25/la-perla-y-la-ostra/*

Sólo para madres

http://www.embarazosano.es/Tu_bebe_ semana_a_semana.htm

https://biblioteca62.wordpress. com/2015/09/07/abrazoterapia/

De Dalila a chapiadora

*•	http://diccionariolibre.com/definition. php?word=chapiadora*
*•	La chapiadora, Por José Luis Taveras. 5 de mayo de 2015 http://acento.com.do/2015/ opinion/8246196-la-chapiadora/*

Impreso por:
© Publicaciones Libertad
publicacioneslibertad.rd@gmail.com
Santo Domingo, República Dominicana